学び合う教室・育ち合う学校

～学びの共同体の改革～

学習院大学教授
東京大学名誉教授
佐藤 学

小学館

学び合う教室・育ち合う学校

～学びの共同体の改革～

――目次

第1部 学び合う教室

第2部 育ち合う学校

第3部 アジアに広がる学びの共同体

装丁・本文デザイン・DTP／見留 裕
校正／目原小百合　編集／小笠原喜一
カバーイラスト／岡部哲郎

学び合う教室・育ち合う学校

～学びの共同体の改革～

小学館

第1部

学び合う教室

授業を変える・教師が変わる・学校が変わる

教室と学校の改革を問う

学校とは何か。教室とは何か。なぜ、私たちは学校のあり方を問い、教室の改革を探索するのだろうか。

この問いは、私が学校を訪問し教室からの改革に着手した35年前から探究し続けた問いである。35年前、私は三重大学教育学部に赴任し、衝撃的とも言える体験をとおして、学校と教室のアクション・リサーチを開始した。その衝撃的体験は、校内暴力の全国的な拡大の起点となった尾鷲中学校事件である。尾鷲市は三重県南部の漁業の町、その町の中学校で校内暴力が荒れ狂い、卒業式には警察が導入された。

この年、三重大学に赴任した私は尾鷲中学校を訪問し、事件の深刻さに衝撃を受けた。

尾鷲中学校を発火点として校内暴力の嵐は、またたく間に全国の中学校を席巻することとなる。尾鷲中学校の教室の惨状と校内に蠢く教師と子どもの悲痛な声に遭遇し、私は、教育を語るすべての言葉を失った。大学と大学院で学んだ教育学は何だったのだろう。私は自身の教育学の無力を思い知らされた。苦悩を抱える子どもの声にも、日々苦闘する教師たちの声にも、応答する言葉を何一つ私は持ち合わせていなかった。それ以来、私は教育を語る言葉を失い、断筆の数年間を過ごすこととなる。私にできたことは、ひたすら教室を訪問し、そこで起きている出来事を映像とノートに記録し、教師の実践から学ぶことだけであった。この教室の事実から学び、教師の実践から学ぶスタイルが、その後の私の教育学の方法論となったのである。

本年（2012年）2月11日、私はその尾鷲中学校を訪問した。尾鷲中学校は、その後も何度も生徒が荒れる困難に遭遇し、そのたびに教師たちの奮闘で乗り越えてきた。しかし、県下でも有数の困難校であることには変わりがなかった。その尾鷲中学校において「奇跡」とも呼べる改革が実現したのである。

同校の改革を準備したのは出口隆久前校長であり、それを継承し学校の再生を実現したのが神保方正校長である。私は、昨年、神保校長の改革を支援するために31年ぶりに同校を訪問し、今年度は6月にも訪問していた。そして、この日の訪問は同校の改革がまさに

「奇跡的」とも呼べる前進を遂げたことを示していた。どの教室においても、生徒たちが一人残らず真摯に学び合い、一人ひとりの生徒が互いを細やかに気遣って支え合っている。さらに、どの教室においても、教師たちが生徒の学びの可能性を信頼し、教科書レベルよりもはるかに高い課題を設定して創造的な授業を展開し、生徒たちと共に挑戦している。1年から3年のすべての学年において、すべての教室において一斉授業は廃止され、協同的で探究的な学びが実現していた。どの教室でも小グループの学び合いが素晴らしい。

尾鷲中学校の「奇跡」とも呼べる改革は、決して順風満帆で達成されたわけではない。この3年間を見ても、教師の不祥事（試

尾鷲中学校の提案授業の風景。

験問題漏洩、生徒との喫煙）とその報道が改革の困難を助長したし、学び上手に育った3年生も昨年は授業のボイコットなど問題行動を起こしていた。8か月前の訪問時にも、この3年生に協同的な学びは不可能ではないかと、私自身も弱気になったほどである。それらいくつもの困難を克服して改革を実現した同校の生徒たちと教師たちは尊敬に値する。

すべての教室を参観しながら私は、32年間願い続けた学校の風景が目の前で実現していることに深い感慨を覚えずにはいられなかった。「夢は見続けるものだ」「希望は持ち続けるものだ」と、何度も何度も神保校長と語り合った。32年間の私の学校行脚の旅は、その途上で、こういう祝福の一日を準備してくれたのかと思う。

希望の学校、希望の教室

尾鷲中学校が改革に希望を見出したのは、尾鷲市をさらに南下した熊野市の木本中学校において劇的な改革が実現したからである。尾鷲中学校の訪問の翌日、その熊野市立木本中学校の公開研究会に参加した。木本中学校への訪問は4度目である。3年前、同校を初めて訪問したときの衝撃は忘れることができない。衝撃はいくつもある。

熊野市への訪問には東京の自宅から7時間を必要とする。北京の学校を訪問するより熊野市の学校を訪問する方が遠い。しかも、運悪く、私の乗った特急南紀の最終便はトンネルで牛ほどの大きさの鹿と衝突し、1時間以上も停車してしまった。そうして到着した熊野市は、30年前に訪問したときと何も変わっていなかった。電信柱も郵便ポストも一軒一軒の商店も昔のままである。それだけ熊野市は経済が停滞し続けている。学校の風景も衝撃的であった。教室の誰も発言する生徒がいない。ほとんどの生徒がうつむいて黙っているか、あるいは突っ伏している。これほど無気力な教室は見たことがない。この無気力は、地域の衰退を背負っているだけに重苦しい。私を招いた松田博行校長（当時）に、「改革には10年かかる」とつぶやくのが精一杯であった。

木本中学校は、松田校長による「学びの共同体」の改革を継承した田岡隆校長のもとで劇的な展開を遂げることとなる。翌年、同校を訪問した私は、改革の進展に驚嘆した。小グループの協同的学びを中心とする授業改革に全教師で取り組んだ結果、どの教室でも生徒たちが真摯に学び始め、学校に快活さと明るさが甦っていた。不登校の生徒は激減し問題行動は皆無となり、翌年には県下で最低レベルであった学力も県平均と全国平均を超えるまで向上した。その変化を目の当たりにした私は、最初の訪問時に「10年かかる」と悲観的意見を述べた自分を恥じた。思い起こせば、南紀の熊野市、そこは100年前に大石誠之助を中心とする大逆事件の舞台であった。革命のエネルギーを深く眠らせている地域でもあるのだ。

今回の木本中学校（鈴木伸尚校長）の訪問においても、学校改革の希望は決して捨てるものではないことを確信した。尾鷲中学校の改革も驚嘆に値するが、木本中学校の改革もそれに劣らず感動的である。この日の公開研究会では、全教室の公開授業を行った後、1年1組の谷廣明教諭による音楽の授業（合唱）と2年2組の久保潤子教諭による英語の授業の二つの提案授業が行われ、授業協議会がもたれた。お二人とも今年同校に転任したベテラン教師であったが、いずれも「学びの共同体」のスタイルを個性的に洗練され、素晴らしい生徒の学びを実現していた。

久保先生は、ロングマンの教材集から選んだ物語に挑戦していたが、その内容はスコットランドの実話であり、親友の一人を失った男がその後14年間も一日も欠かさず親友の墓を訪れ、親友の墓を守って一生を閉じたという。この物語の主人公は実は愛犬なのだが、それを生徒たちは最後に読み解いていく。学びの展開はドラマティックであり、中学2年生にとってはかなり高レベルのテクストにもかかわらず、小グループの協同の学びで生徒たちは、テクストの言葉を一つひとつ味わい、深く理解し、物語のドラマに感動していた。参観者の誰もが語ったように、「英語の授業は、こうでなければならない」と確信させる授業だった。前日に参観した尾鷲中学校の東光司教諭の「トロッコ」（文学）の提案授業も感銘深かったが、これほど高いレベルの授業が、東紀州の地で生み出された意味は大きい。

地域の未来を開く

それにしても東紀州の経済の衰退はすさまじい。グローバリゼーションは世界市場を普遍化し、第三世界に高層ビルの大都市を出現させる一方で、日本のような先進諸国の中に第三世界のような貧困地域を生み出している。32年前に訪問した頃には、尾鷲市も熊野市も活力に満ちていた。林業はまだ盛んであったし、漁業は活況を呈していた。漁師町の豪勢な住宅と天にも届かんばかりの竿にたなびく鯉のぼりを見て、地域の活力に驚嘆した覚えがある。しかし、それから30年後、熊野市の林業は壊滅状態だし、尾鷲市のカツオ釣り漁船は、今や1隻を残すのみである。

働き場所がないために、若者はどんどん地域を離れてゆく。出戻りの若者もいるが、そのほとんどは失業状態か、あるいは離婚した子連れの女性である。市の財政は逼迫し、鹿ばかりが増えて人は減っている。実際、私がこの地域を訪問したのは合計5回だが、そのうち3回も電車が鹿と衝突し、停車してしまった。よほど運が悪いのかと思いきや、今や鹿と電車の衝突は日常茶飯事だという。地域の活力が衰退すると、学校は荒れる。尾鷲中学校の生徒の荒れ、木本中学校の生徒の無気力は、地域の活力の衰退の二つの現れである。

そうであればこそ、子どもたちの未来と地域の未来に対する学校の使命は大きい。木本中学校の改革の成功は、東紀州全体の学校改革を触発するものとなった。この数年間で、尾鷲市、紀北町、熊野市、紀宝町、御浜町のほぼ全域に「学びの共同体」の学校改革が拡大し、三重県の紀伊半島の南部一帯が、全国的に見ても、最も学校改革が積極的に推進されている地域の一つになりつつある。この新しい改革のうねりにおいて、尾鷲中学校の改革が実現し安定したことの意味は大きい。尾鷲中学校、木本中学校は、かつては三重県の中学校の低学力と問題行動を象徴する学校として知られていた。しかし、今は違う。地域の未来を担い、質の高い21世紀型の学びを開拓するパイロット・スクールとして全国に知られることとなるだろう。地域の未来はその改革の持続にゆだねられている。

ジャンプする学びの創造

歴史的な日

また一つ、東北地方に「学びの共同体」のパイロット・スクールが誕生した。11月2日、花巻市立花巻小学校の公開研究会に参加し、岩手県を中心に集った300名以上の参観者の熱いまなざしを前にして、その思いを強くした。この日は、今後、東北地方の小学校の改革にとって歴史的な日として記憶されることだろう。6年ほど前から、岩手県では奥州市立水沢中学校において「学びの共同体」の改革が本格化し、その開拓者である佐藤孝守教育長のリーダーシップによって奥州市全体の学校が「学びの共同体」の改革に挑戦している。その影響は大きく、花巻小学校の改革も3年前に大阪匡洋校長をはじめ同校の教師たちが水沢中学校の公開研究会に参加したことに端を発している。

私が花巻小学校を最初に訪問したのは2年前である。同校は宮沢賢治の母校であり、旧花巻城址にある。賢治の母校ということで、校庭にも校舎にも賢治の童話にちなんだ名前が随所につけられている。しかし、最初の訪問時の私の第一印象は、同校が改革に着手した直後ということもあって、あまり好ましいものではなかった。いわゆる騒々しい学校で、教師たちは優秀ではあっても、それぞれ別の方向を向いていてつながりが感じられず、授業を参観しても一言で言うと雑な印象を与えていた。同校が改革を成就できるかどうかはまったく未知数というのが、率直な印象であった。

2年前の同校に何か問題があったというのではない。いつも思い知らされることだが、小学校の改革は、一般に想定されている以上に難しいのである。なぜ、小学校の改革は困難なのだろうか。その最大の要因は、一人ひとりの教師が孤立しているところにある。教師は孤独な職業である。教室でどんなに困った事態が生じても誰も助けてはくれない。その孤独は、中学校よりも高校よりも小学校の教師の方が深い。しかも、小学校教師は、絶えず地域からも保護者からも同僚からも厳しいまなざしを教室の壁の向こうに感じている。そのため学校改革に何よりも必要な同僚性を築くことが困難なのである。（したがって小学校の教員配置は、学級担任制から学年担任制へと移行すべきであると、私は考えている。一人ひとりの教師は学級を担任はするが、学年単位の協同責任を基本とする方式である。）

最初の訪問時の印象から言って、花巻小学校の改革がこれほどの成功を収めるとは予想していなかった。これが今回の訪問の第一印象である。その成功の秘密は、同校の教師たちが全員で茅ヶ崎市立浜之郷小学校の公開研究会に参加したことにある。平日を休校にするため、大阪校長は保護者の承認と教育委員会の承認をとりつけ、バスをチャーターして浜之郷小学校へと向かったという。この英断が同校の改革の成功を準備した。この改革の経緯をうかがって私は、2年前の偏見を恥じ、傲慢であった予見を深く反省した。私は、もっともっと教師たちを信頼しなければならない。

ジャンプの学びへの挑戦

花巻小学校の授業改革の素晴らしさは、「ジャンプの学び」に集約的に表現されていた。午前中、すべての教室の授業を参観して、同校ほど高いレベルの課題を授業に組織している小学校はほかに存在しないことを確信した。その素晴らしさは、どの教室においても、授業の後半になればなるほど子どもたちが夢中になって学んでいる姿と、何よりもペア（低学年）と小グループ（中学年以上）の学び合いの濃密さに表現されていた。

４年国語の提案授業。

「ジャンプの学び」はデザインとリフレクションによる授業研究によって実現する。実際、同校では「ジャンプの学び」の質を高めることを学校全体の目標として共有し、教師全員でデザインとリフレクションによる細やかで丁寧な授業研究を年間50回以上、積み上げてきた。この日は、その1年間の研究成果を公表する公開研究会となった。

「ジャンプの学び」の例を紹介しよう。3年1組の山形由利子さんの算数「三角形のなかまを調べよう」の授業では、「共有の学び」（教科書レベル）として色ごとに長さが違う5色のストローが多数準備され、「仲間分け」の学びが行われた。グループごとに多数の三角形をつくり、それを模造紙の三つの枠に分類する学びである。「長さに注目して」という指示にもかかわらず、約半数のグループでは「色」による分類が行われたりして、子どもにとって「カテゴリー」の形成は教師が想定する以上に困難であることを考えさせられた。ともあれ、最終的にはどのグループも「正三角形」「二等辺三角形」「それ以外の三角形」に分けることができた。

そしていよいよ「ジャンプの学び」である。グループごとに同じ形の2枚の円が配られ、この「2枚の円を使って正三角形をかこう」という課題が提示された。1枚の円の中心ともう1枚の円の円周とが重なるように、2枚の円を半分ずらして重ね合わせると、そこに正三角形の三つの点ができる。その理解を助けるために、山形さんはトレーシング・ペーパーの2枚の円を準備した。子どもたちは夢中になって、それらの円を折ってみたり分割してみたりして二等辺三角形はかけるのだが、どのグループも正解を発見するにはいたらなかった。最後に山形さんが正解を提示したあとの子どもたちが口々に叫んだ反応がおもしろかった。「なあんだ。そういうことだったのか!」負け惜しみである。

午後の二人の教師、千葉智子さん(4年、国語「ごんぎつね」)と木村睦さん(5年、算数「四角形と三角形の面積」)の提案授業における子どもたちの学び合いも素晴らしかった。1時間の授業の中で何度もテキストとグループにもどして、文章の言葉を深く読み味わう千葉さんの授業は、教室全体がしっとりと温かい空気で包まれ、その空間自体が文学を読む歓びにあふれていて感嘆させられた。文学の授業においては「読み深め」が「ジャンプの学び」として位置づくことになる。そのテーマ設定において、この授業がやや難点を残してはいたが、素晴らしい提案授業であった。

　他方、木村さんの算数の授業においては「共有の学び」として第1図の図形で△ABCと△DCEの面積が等しいことを説明する課題が提示され、「ジャンプの学び」として第2図の図形で△DFEの面積を求める課題が探究された。この授業でも「ジャンプの課題」は、通常の授業よりも高いレベルに設定され、その結果、どの子も最後まで全力を投入して学び合っていた。最終的に「ジャンプの学び」を達成したのは

第1図

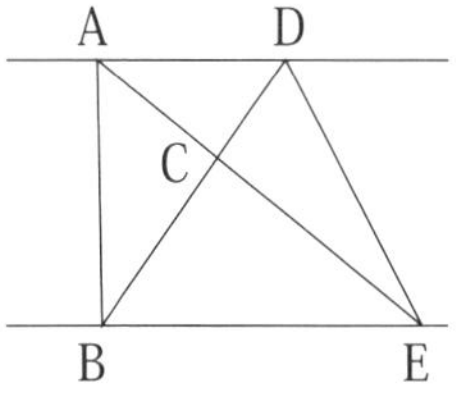

第2図

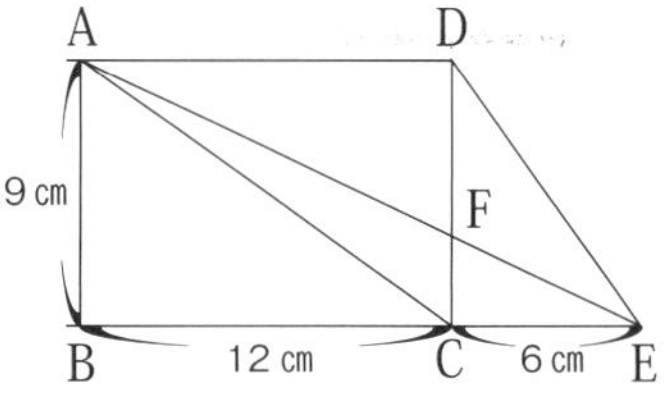

数人の子どもだけであったが、花巻小学校の1年間の研究の成果は、最後まで夢中になって挑戦する子どもたちの姿に十分表現されていた。

授業後に木村さん自身が反省していたように、「ジャンプの学び」を達成できた子どもが数人に限られたのは、この学び合いの中途で「共有の学び」の第1図と同形の構造を見い出せない子どもたちが気になって、グループを解除し全体にもどして△ACFと△DFEの面積が同じであることを詳しく確認したからである。これは「共有の学び」のレベルに教師自身が固執した結果となり、子どもたちが協同で「ジャンプの学び」に集中する時間を制限してしまった。私の参観した印象から言って、途中の木村さんの説明を省いてグループの学び合いに委ねていれば、ほとんどのグループがこの高いレベルの課題を達成しただろう。

ジャンプの学びの効用

花巻小学校の授業を一日参観して、改めて「ジャンプの学び」の効用について考えさせられた。私はこれまで日本の授業における課題のレベルが低すぎることを問題にし、繰り返し「ジャンプの学び」の重要性を指摘してきた。しかし、その「ジャンプの学び」の課題のレベルは、グループ内に多層的に構成される「発達の最近接領域」の上限を想定し、それ以上に高いレベルは想定していなかった。個々の子どもの学びの可能性はそれぞれの「発達の最近接領域」のゾーンの範囲内にあるからである。

しかし、花巻小学校の「ジャンプの学び」のレベルは、しばしば「発達の最近接領域」のゾーンの上限を超えたところに設定されていた。その結果、どの子も問題解決を達成できないこともしばしばである。にもかかわらず、高いレベルに対応する濃密で質の高い学びが実現している。この現象をどのように考えたらいいのだろうか。新たな理論問題である。

この問題に即答できる理論は持ち合わせていないが、「ジャンプのある協同的学び」の効用だけは確実に言明できる。「ジャンプのある協同的学び」の効用は、一人ひとりの子どもの思考と探究を発達させ、できる子どもの学びを実現させるだけではない。それ以上にわからない子、できない子の学びを夢中にさせ、彼らの基礎基本の理解を成就することにある。その確信を深めた一日であった。

真正の学びを求めて

音楽の学び

神奈川県茅ヶ崎市浜之郷小学校の2階フロアのオープン・スペースで5年2組の子どもたちの音楽の授業「即興アレンジに挑戦しよう」が始まった。授業者は脇坂圭悟さん、10か月前に近隣の学校から浜之郷小学校に転任してきた。どの教科の授業を見ても素晴らしい中堅教師である。その脇坂さんが音楽で授業を公開する。何かが起こるという予感を抱いて授業参観に臨んだ。

オープン・スペースでは円陣を組んで、子どもたちがドラム・サークルの演奏を始めていた。ほぼ半数の子どもたちは、めいめいパーカッションやドラムやタンバリンなどの打楽器を演奏し、残りの半分の子どもたちは両手にからのペットボトルを床に叩いて演奏している。脇坂さんは、その円陣の中心で手を叩いて指揮をしていた。素晴らしい即興演奏である。その中でひときわ夢中になってパーカッションを演奏しているのは、何と拓也(仮名)である。いつも授業になるといじけてしまっている拓也が、リズムに乗って全身で小躍りしながら両手で二つのパーカッションを叩いている。その音は歯切れが良く、全体の音と溶け合って音と音の間を縫うように跳躍し、身体の躍動は拓也という存在そのものが音楽であると言ってよいほど美しく躍っている。天才的にリズム感が卓越した子どもがときとして存在するが、拓也はその一人である。授業になるといつも塩をかけられた青菜のようにいじけてしまう拓也の姿を1年生から知っているだけに、「リズムの神様」のようにパーカッションを演奏する彼の姿は驚き以外のなにものでもない。

それにしても、この音楽の授業の出だしは何と素晴らしいことだろう。バリ島のケチャの合奏が有名だが、このドラム・サークルの演奏はケチャの合奏のように響き合っている。ドラム・サークルの即興演奏を終えると、脇坂さんは子どもたちを中央に集め、キーボードで一つのメロディーを演奏した。子どもたちと3週間前に鑑賞した劇団四季のミュージカル「ガンバの大冒険」の主題歌である。劇中で何度も歌われる主題歌が、場面によってまったく違う表情を示すことに子どもたちは興味を寄せていた。その興味を出発点にして、授業のテーマはこの主題歌を即興的に編曲し、さまざまな楽器で演奏する学びを脇坂

即興アレンジと即興演奏に挑戦する子どもたち。

さんはデザインした。主題歌のメロディーと各小節の和音のコードだけが記された楽譜が配られ、まず全員で各小節に任意のリズムを音符で書き込み、それぞれ音符に和音コードの「ルート音と五度音」のいずれかを入れて編曲するのである。あっという間に最初の編曲が完成し、さっそく脇坂さんの演奏するキーボードのメロディーに合わせて、リコーダー、木琴、鉄琴を使って編曲どおりに伴奏してみる。任意にリズムを決め、任意に対応する小節の和音の「ルート音と五度音」を演奏しているだけなのに、なかなか味のある伴奏になっている。

そうして、グループに分かれて、この主題歌の編曲したいイメージを決め、即興アレンジに挑戦する学びが開始された。使用する楽器はリコーダー、木琴、鉄琴、タンバリン、パーカッション、トライアングル、カスタネットなどから選び、15分ほどで、それぞれの「即興アレンジ」が完成した。そして1、2回合わせる練習を行って、各グループの即興アレンジを聴いて愉しむ活動が展開された。わずか1、2回しか練習時間がとれなかったので完璧とは言えないが、それぞれの「即興アレンジ」の妙味がどのグループの演奏からも感じとれ、その編曲と演奏の味わいは、私を含む参観者たちを感動させた。編曲も演奏も素敵だったが、このクラスの子どもたちの聴き合う関係と学び合う関係はとても素晴らしい。

アートの学び

浜之郷小学校では、開校以来15年間、言葉の教育、探究の教育、アートの教育、市民性の教育をカリキュラムの四つの基軸に据えてきた。アートの教育においては、合唱の学び、美術表現の学び、文学と詩の学びを中心に実践してきたが、脇坂さんを迎えることによって、もう一つ新たな領域が開拓できそうである。脇坂さんは音楽教育が専門ではないが、音楽教育を専門とする山崎さんとは異なる音楽の世界を開いてくれた。

この授業の素晴らしさは、脇坂さんと子どもたちが創造した音楽性の豊かさにある。私は、脇坂さんの授業において、子どもたちが「真正の学び」(authentic learning) を身体ぐるみで経験し、その歓びを表現し享受していたことに深く啓発された。

たとえば、ドラム・サークルの即興的な打楽器合奏は、激しい響きの高まりと優しい響きの広がりによって神話的と言ってよいような音の空間を生み出していた。その演奏を聴きながら、私は音楽の起源は人類の祖先の類人猿のドラム(胸を叩く音)の合奏にあっただろうと想像した。もともと仲間に危険を知らせる胸のドラムが、抑えきれない悲しみや怒りを仲間で共感したときに響き合わされ、一種のトランス状態が生まれたのではないだろうか。それが音楽の始まりであり、音楽は言葉よりも前に生まれたと思う。

この起源が暗示しているように、音楽の教育は打楽器の演奏から始めた方がいいと思う。小学校音楽における器楽教育は、低学年で鍵盤ハーモニカ、中学年からリコーダーへと移るが、あらゆる楽器の中で鍵盤ハーモニカとリコーダーほど難しい楽器はないと思う。鍵盤ハーモニカで音楽的に演奏することは難しい。リコーダーも息を抑制して吹かなければ美しい音は出ないため、音楽的に演奏するのはとても難しい。(リコーダーで音楽的な表現ができるようになったのは、私の場合は大学生になってからである。鍵盤ハーモニカにいたっては、とうてい私には不可能である。私の友人で国際的に活躍している卓越した作曲家の野村誠さんは自ら「鍵盤ハーモニカ奏者」と自称しているが、鍵盤ハーモニカを音楽的に演奏できるのは、世界広しといえども彼しかいないと思う。）脇坂さんは、自分の音楽の学びの経験から、器楽教育は打楽器から始めた方がいいことを無意識でつかんでいる。

和音を「ルート音と五度音」の二つから導入していることも感銘を受けた。通常、学校では合唱が中心だから和音は三度から教えがちだが、むしろ「ルート音と五度音」から導入した方が、和音を直観的につかみやすいし和音の移行もつかみやすい。「ルート音と五度音」という指示によって、子どもたちでも「即興アレンジ」を成功させることができたのである。もっとも、いくつかのグループは、この二音に加え随所に三度音も入れて編曲し演奏していたが、「ルート音と五度音」では音が響きすぎるために、より奥行きのある響きを生み出したかったのだろう。

真正の学びを深める

脇坂さんの音楽の授業は、それぞれの教科において「真正の学び」を追求することの重要性を事実で示してくれた。多くの参観者が授業協議会において「これこそが音楽だったんだと感動した」と語っていたように、脇坂さんの授業における子どもたちの音楽表現とその学びの姿は、これまでの音楽の授業の枠を超えるものであり、音楽を表現し享受する歓びにあふれていた。

思い返してみると、浜之郷小学校の授業実践は、5年ほど前から「真正の学び」（教科の本質に即した学び）の開拓において着実な成果をあげてきている。その発展を、ほとんどの教師が20代という若い教師たちの同僚性によって実現してきたことが素晴らしい。

振り返ってみると、この日、脇坂さんの音楽の授業とともに参観した千葉茜さんの4年生の算数の授業、6年生の網野久美子さんの文学の授業、そして加地久美絵さんの算数の授業も、いずれもが「真正の学び」を教室で実現していた。千葉さんは教職2年目の若い教師だが、ベテランもかなわないほどの細やかで的確な観察眼と判断力をもち、数学的思考を協同的に組織して、子どもたちと一体になって探究活動を展開できる教師である。

網野さんは、この日、一人ひとりがテキストの言葉と出会い、言葉一つひとつをたっぷりと味わう時間を十分に保障し、学び合いの過程で何度も何度もテキストにもどすことによって、文学の味わいが静かに教室に広がる授業を示してくれた。

また、「数の変わり方」（関数関係）をテーマにして教材を開発して授業を行った加地さんは、どんな難しい課題の学びでも子どもたちと笑顔で愉しみ合える天性の明るさをもっている。この授業においてもそのよさが発揮され、「伴って変わる二つの数量の関係」という高いレベルの数学的思考を、４分の１ずつ重なって連続する正方形の面積を求める問題によって、創意的に挑戦していた。加地さんは、この授業の教材にいたるまで、教材の開発と学びのデザインについて、同学年の他の教室を借りて何度も試行錯誤を重ねたという。そのプロセスは教材開発の実践的研究として理想的な展開を示している。

脇坂さんにしても、千葉さんにしても、網野さんにしても、加地さんにしても、教室での居方と子どもたちとの関わりが抜群であり、そのことが「真正の学び」が実現する有効な要件となっていることも付記しておきたい。

浜之郷小学校において「真正の学び」の実践的探究が前進した基盤には、年間２００回近い授業の事例研究によって培われた同僚性の素晴らしさがある。いつも感嘆するのだが、浜之郷小学校の授業協議会は逸品である。それ自体が「真正の学び」なのである。

学びの連鎖による改革の源流と奔流

学ぶということ

一つづりの文章が黒板に提示され、授業が開始された。長野県下高井郡木島平村立木島平中学校1年国語、頓所本一さんの「学ぶということ」の授業である。

学ぶということ

牛山栄世

学ぶということ。それは、誰のものでもない「私」の問いを生きること／その問いによって、更なる問いに生きること／そのようにして、ものごとの奥行きにふれること
学ぶということ。それは、誰のものでもない「私」の思いをかけること／そして、思い

がけないことに出会うこと／そのようにして思い知らされること
学ぶということ。それは、誰のものでもない「私」が、誰のものでもない「あなた」と出会うこと／それは、見る私が見られること／それは、働きかける私が働きかけられるということ／そのようにして、私が変わり、あなたが変わること
学ぶということ。それは、私のなかにいるあなたと／あなたのなかにいる私を感じること／そのよろこびに浸ること／そのようにして、私もあなたも元気になること

このテクストの文章を記した牛山栄世さんは長野県の教師、信州大学附属松本中学校副校長を歴任した後、信濃教育会教育研究所副所長の在職中の一昨年、同研究所所長であった稲垣忠彦先生の後を追うように急逝。この文章に示されているように「学ぶということ」を自らの授業で問い続けた教師だった。珠玉の言葉でつづられた代表的著作に『学びのゆくえ』（岩波書店）がある。

私が牛山さんと出会ったのは約30年前である。その後、稲垣先生を仲立ちとして多くの研究会で親交を深め、15年ほど前には牛山さんが副校長をつとめる信州大学附属松本中学校において「学びの共同体」の学校改革を協同で推進した。同校は、長野県における「学びの共同体」の最初のパイロット・スクールであった。

頓所さんが、このテクストによる授業に挑戦した真意がストレートに私の胸を打った。頓所さんは、信州大学附属松本中学校において牛山さんの薫陶を受けた教師であり、その後、中野市立中野平中学校において研究主任として「学びの共同体」の授業改革を推進し、一昨年からこの木島平中学校でも研究主任として「学びの共同体」の授業改革を推進している。その頓所さんが、私の同校への来訪を歓迎し、私と頓所さんをつなぐ牛山さんの学びの哲学を教室の子どもたちの学びの姿で体現させようと思ったのである。

私は、頓所さんの真意がもっと深いところにあることを知っていた。牛山さんと頓所さんが共に立脚している学びの源流、長野師範学校の教師でありカリフォルニア大学で学びの心理学と哲学を学んだ杉崎瑢、長野師範附属小学校の訓導として杉崎の哲学を総合学習の実践として結実させた淀川茂重の源流である。

グループ学習に入ると、頓所さんは学びに困難を抱える何人かの生徒たちのもとにしゃがみこんで、最小限の援助を与え、その最小限の援助によって生徒たちの学びの絆が結いもどされている。生徒との絶妙の距離感であり、絶妙の関わりである。どのグループでも学びが進展し始めると、頓所さんは、生徒との関係をいったん断ち切るかのように、一人黒板の前に座って自分自身との対話に沈潜している。頓所さんは、教える者としてというよりも一人の学び手としてテクストの言葉を何度も反芻し、生徒一人ひとりの学びの筋道をたどり直しているのである。頓所さんの教室では、いわゆる「できる生徒」たちが「できない生徒」たちから学びを豊かに生み出す光景がいくつも見られる。「できる子」が「できない子」の発言を絶賛することも多い。そこに「できる子」の偽善的ないやらしさは微塵もない。頓所さんの教室の生徒たちは、それほど学びにおいて真摯であり、謙虚であり、そして対等である。この生徒たちの学びの資質の高さは、頓所さん自身の学びの資質の高さによっているのだと確信した。

そして私は、この教室でテクストの言葉一つひとつを丹念にかみしめ、むさぼるように学び合う生徒たちと頓所さんの姿を前にして、彼が杉崎、淀川、そして牛山へと連なる信州教師の実践の学びの伝統の延長線上に立っていることに深い感銘を受けた。

信州の山間の村で

木島平村は人口約5千人、標高３００メートルの台地に広がる自然豊かな山間の集落である。この村には保育園と小学校と中学校がそれぞれ一つずつあり、三つの校園で学びの共同体の教育改革を推進している。

木島平村を訪問するのは初めてであった。前日、中野市中野平中学校で公開研究会を終え、同校の懇親会にも参加して木島平村に移動したため、同村には夜遅く到着した。それにもかかわらず、芳川修二村長、丸山幸一教育長、村議会議長をはじめ、多くの方々が歓迎の宴席を準備してくださった。恐縮の限りである。

これまで木島平村の学びの共同体の改革には、東京大学の小国喜弘教授、秋田喜代美教授、浅井幸子准教授が関わり、彼らから改革の概要は聞いていたが、初めての訪問は心ときめく経験となった。一つの村が地域の存続をかけて教育に希望を託し、未来志向の教育を現実化する。その一端に参加することは、中央主導で語られがちな教育改革を根底から見直すこととなる。やはり木島平村を訪問してよかったと思う。

木島平における学びの共同体の改革は、佐久市望月の小学校で校長として学びの共同体の改革を実現させた丸山さんが教育長に着任した平成23年度に着手された。丸山教育長は、穏やかな人柄の見識の確かな教育者であり、同年、中野平中学校で井口真校長（現・安曇野市立三郷中学校長）と共に教頭として学びの共同体の改革を実践した関孝志さんを木島平小学校長として迎え本格化した。そして2011年、同じ中野平中学校で研修主任をつとめていた頓所さんが木島平中学校に転勤し、中学校においても学びの共同体の改革が進展した。さらに2012年4月には木島平中学校に山口真一校長が着任し、改革は堅実なものとなった。

何と山口校長は、約15年前、牛山さんが副校長をつとめ私と協同で学びの共同体の授業改革を推進した信州大学附属松本中学校において協同で研究し合った仲間の一人であった。（ちなみに丸山教育長が校長として学びの共同体のパイロット・スクールを建設し、現在も実績をあげている望月小学校の大久保校長も、私が訪問していた頃の信州大学附属松本中学校における牛山さんや山口さんや頓所さんとの研究仲間である。）

何という人の連鎖、そして学びの連鎖だろう。信州の山間の小さな村の学校で、奇跡とも思われるほどの人の連鎖と学びの連鎖が生み出されたことに驚かずにはいられなかった。いや、驚くのは間違っている。学校の改革は、このような有形無形の人の連鎖と教師たちの学びの連鎖によって実現するものなのだ。

地域からの改革

学びの共同体の学校改革は草の根のネットワークである。木島平村の保育園、小学校、中学校の改革は、その性格を最も端的に示している事例の一つと言ってよいだろう。その草の根は、横に広がって長野県全域の改革ネットワークを形成しつつあり、下に向かって杉﨑瑢、淀川茂重に代表される信州教育の歴史的源流へと遡る奔流として勢いを増してい

「学ぶということ」の授業風景。

る。

　小学校、中学校のすべての教室を参観して、同村の学校改革が地域と行政の支援のもとで確実な進展を遂げていることを確信した。特に中学校の授業改革は秀逸である。その成果もあって、同校の全国学力テストの成績、特にB問題の成績は全国トップレベルに到達したという。この実績は、村の人々の教育への希望を確かなものとした。しかし、教師たちの改革の確信は、学力テストの結果によってもたらされるものではない。子どもたちの学びの姿によって、教師たちの確信と指針は導かれる。そのことを牛山さんは、よく知っていた。彼の名著『学びのゆくえ』の一節は次のように語りかけている。

「教育は今、『ことば』では学べない『学び』に還るべきではないかと思う。『実際』に身をさらすなかで、『できごと』が問いを生み、それを『核』に、それが生きた『経験』として刻まれていく学び。そのような『ゆくえ』をたどる学び。『経験』が『ことば』を突き詰め、『ことば』が『経験』を突き詰める学び。そのようにして自分の『成り立ち』を感じ、それを『根』とする学び。そうした互いの『根』を編み合わせながら、『全体』が成り立っていく学び。こうした『成り立ち』が実感できる教育が必要なのだと思う。」

この一節は、頓所さんの教室の中学1年生の子どもたちが、もっとも愛読している文章でもある。小学校から学びの共同体の学びを身をもって体得してきた中学生たちは、それぞれがすでに自身の学びの哲学を形成している。彼らは、頓所さんの授業において淀川茂重の昭和前期の教育論文も読んでいるし、私の『学びから逃走する子どもたち』も読んでいるという。

木島平村の学校改革は、学びの共同体の改革の実践の新境地を切り拓くに違いない。来年度の訪問が愉しみである。

一人の子どもも一人にしない教室・一人の教師も一人にしない学校

困難な学校へ

年末を迎えて思う。今年も、困難な学校への訪問があいついだ。困難な小学校、困難な中学校、困難な高校、それらを毎月5校以上、訪問してきた。それら困難な学校には共通した特徴がある。貧困である。そして家庭と地域の崩壊である。貧困だけで困難が生じているわけではない。その底には子ども、親、教師、学校、行政の間の信頼の崩壊があり、より根本的には一人ひとりの孤立があり、学校内外における差別と排除がある。よく言われる「荒れ」や「低学力」は、それら貧困、不信、差別、排除の結果である。

この1年間、私自身、多くの「困難な子ども」たちからたくさんのことを教えられ、「困難」に対する認識も深まった。なぜ、貧困は低学力と結びついてしまうのか。なぜ、低学力の子どもたちは悪循環から抜け出せないのか。なぜ、教室に入ると騒ぎ出す子どもがいるのか。なぜ、彼らは授業を妨害するのか。なぜ、彼らは学びから逃走するのか。私たちは、これら一つひとつを「困難を抱えた子ども」から学ばなければならない。

1年間を振り返って、特に深く学んだことがある。近年、荒れる子どもたちよりも、もっと深刻な「困難」を抱えた子どもたちが急速に増えていることである。困難な学校に行けば行くほど、荒れる子どもたちはまだ荒れる元気が残っているだけ救われていると思う。荒れる子どもたちの底には、無力と諦めを身体の芯まで染み込まされた「日陰でしか生きられない子どもたち」が存在する。

たとえば、中国地方のある小学校。要保護と準要保護を合わせた貧困率は7割以上、親の離婚率は6割近くという学校で見た光景は忘れられない。1年から6年まで、ほとんどの子どもが弱々しくひっそりと生きている。日陰でしか生きられない夜行性の植物のようにである。この子どもたちに陽の光に直接あてたら、しおれて枯れてしまうだろう。そう思うと、彼らのあまりの不幸に涙がこみあげてきた。大阪市のある中学校。そこも同様の貧困があり、家庭の崩壊がある地域の学校である。ここでも、子どもたちは荒れてはいない。いや、荒れる元気もない。荒れている子どもたちは、まだ諦めていない子どもたちであり、怒りの感情を失っていない子どもたちである。しかし、この学校では希望を捨てた子どもたち、感情を失った子どもたち、過去も未来も捨て、かろうじて日陰でひっそりと生きている子どもたちがいる。おそらく、親たちもそうなのだろう。あらゆる言葉と思考を放棄した生活がそこにはある。低学力はその結果である。

私たちは、日本の子どもたちの貧困が新しい段階に突入していることを認識する必要がある。荒れる子ども、低学力の子どものその底には、もっと深刻な危機を抱えたおとなしい子どもたちがいる。そう考えてみると、いわゆる貧困地域以外の学校でも、同様の子どもたちが年々増えているのが気にかかる。どの教室にも「荒れ」よりも、もっと深い危機を抱え込んだ子どもたちが数人は存在している。これからの私たちが引き受けなければならないのは、これらの子どもたちであり、この地域の現実である。

困難を克服する鍵

この1年間、困難を克服した多くの学校も訪問することができた。貧困率が7割以上、親の離婚率が5割以上、特別支援を必要とする子どもが3割近く、ニューカマーの子ども（10か国以上）が3割近くというA小学校での学びの共同体の実践は、私にたくさんのことを教えてくれた。この学校は、ほかの学校とは比較にならないほどの低学力の状態にあ

金岡中学校の英語「受動態」の授業風景。

ったが、学びの共同体の継続的な実践によって、今春、全国平均を上回る学力水準に跳躍した。同様の事例は、私の訪問している学校（毎年約100校）の数十校にものぼる。これらの学校では、信じられないだろうが、全校児童・生徒の学力平均を100点満点で20点以上も一挙に引き上げている。学びの共同体の学校においては、ほぼすべての学校で著しい学力向上を達成しているが、全校の学力平均を100点満点で20点以上も向上させる学校が少なくないのは驚きでもある。

これらの経験をとおして、教育における数々の「困難」を克服する鍵が見え始めてきた。たとえば、A小学校の教室を訪問して感嘆するのは、どの瞬間も一人の子どもも一人になっていないことである。試しに同校のすべての教室でアトランダムに100枚近くの写真を撮影し、その写真に写っている子ども一人ひとりを見直してみた。どの瞬間もどの子どもも一人になっていない。小学校1、2年生はペア学習の仲間同士がつながって学び合っている。3年生以上の子どもたちは、どの瞬間もグループの仲間同士でつながり合い、支え合って学び合っている。中国から来たばかりの1年生の女の子と隣の男の子は、中国語と日本語に加えて手話のように手でコミュニケーションして、どの時間もペア学習を続けている。ダウン症の男の子は、どの瞬間も隣の女の子とペアで支え合い、その女の子のノートとその女の子の語る言葉をすべてノートに写しとって学んでいる。この小学校とほぼ同じ姿が、荒れや退学や不登校や低学力などの困難を克服した中学校、高校にも見られる。そこに共通しているのは、一人の子どもも一人にしない教室の姿である。

荒れる子ども、低学力の子ども、つまずく子ども、彼らはすべて一人になった子どもたちである。教師から見捨てられ、仲間からも見放され、地域の人々からも見捨てられた子どもたちである。その子どもたちが教師から疎まれ仲間から排除されていると感じたとき、彼らは授業の妨害や暴力行為へと向かう。あるいは教師との衝突を繰り返す。それ以外に自らの存在を証明する手立てを失っているからである。当然だろう。

したがって、「教育困難校」において何よりも大切なことは、一人ひとりが抱えている困難や危機を学校全体で引き受けることである。一人も一人にしない教室、一人も一人にしない学校づくりこそが、「教育困難校」の取り組むべき中心課題と言ってよいだろう。一人も一人にしない教室と学校を実現すれば、子どもと教師と学校が抱えるほとんどすべての困難と危機が克服され、絶望の学校を希望の学校へと再生することができる。学びの共同体の学校は、このポリシーによって多くの「教育困難校」を希望の学校へと改革してきた。

教師の同僚性に支えられて

子どもたちの抱える危機と困難をまるごと引き受けている学校は希望である。その一つ、東大阪市の金岡中学校を年末に訪問した。まだまだ教室で奇声をあげる子どもや机から離れて放浪する子ども、グループになっても突っ伏してしまう子どももいないわけではないが、学校全体が温かい空気に包まれ、教師と子どもの関係は深い信頼で結ばれ、子ども同士の関係も優しい支え合いが基調となっている。同校は、学びの共同体の実践を9年間持続してきた。その結果、大阪府の中でも「困難校」として知られていた同校は、今では問題行動と不登校は激減し、学力水準も数学のＢ問題では全国平均を上回って、府内外から高く評価される学校として知られている。私の訪問した公開研究会には府内はもちろん、北海道から沖縄まで多数の教師たちが訪れ、同校の実践に学んでいた。

金岡中学校の素晴らしさは、どの教師も子どもの危機や困難をまるごと引き受けているところにある。その教師たちの細やかな配慮と忍耐強い精神力と温かな包容力と知性的な教育実践を支えているのが、同校の教師たちの同僚性である。9年間、同校は他校では出会うことの少ない厳しい生活現実を生きる生徒たちが多数入ってきた。その厳しさは何度も同校の危機を招き、改革は順風満帆というわけにはいかなかったけれど、私は同校の同僚性の安定感によって、どんな危機に直面しても改革が頓挫する不安を覚えたことはなかった。若い教師たちが多いのに、どの教師も生徒への共感と信頼と尊敬を揺るがすことはなかった。それが素晴らしい。この学校では一人の生徒も一人になっていないし、一人の教師も一人になっていない。

今年度の公開研究会の授業提案は、若い西井一裕さんの英語「受動態」(中学2年)の授業だった。西井さんは、最も困難なクラスを選んで、この授業を行った。前半の共有の学びは「受動態」の文法的な理解、そしてジャンプの学びは絵本「I want my hat back」を読んで、この物語を二つの受動態の文章で要約する課題である。オーセンティックなテクストによる文脈的理解を追求した素晴らしい授業だった。学びのデザインも素晴らしかったが、何よりも協同的学びにおける生徒の学び合いが素晴らしかった。ドラマも見られた。最も深い危機と困難を抱えて授業妨害になりがちな一人の女の子が、大好きな西井先生のために、この日は初めて鉛筆を持ってワークシートをやり遂げた。その彼女を支えた仲間たちの姿も素晴らしい。この教室風景を私はこれからも忘れることはないだろう。

もう一つ、この1年間「教育困難校」を訪問して、印象深かった光景を紹介しよう。中学校3年の「日陰でしか生きられない」一人の女の子。誰ともコミュニケーションをとれない彼女は学年で学力が最も低い。その教室で数学の授業を観察しながら、その女の子の教科書を見て絶句した。どのページもラインマーカーと鉛筆で記した小さい文字の走り書きで埋め尽くされていた。「家で一所懸命暗記している」と言う。学び方が理解されていないのである。

いったい彼女に対してどのような援助が効果的なのだろうか。子どもから学ぶべきことは計り知れない。

見失われる高校から見出す高校へ
―進展する授業改革―

求められる改革

高校の授業改革が静かに進展している。日本の教育の最も喫緊の課題の一つは高校の授業改革にある。これほど社会が変化し教育も変化しているのに、高校の授業風景は私の高校時代とほとんど変わっていない。そして高校では授業自体が成立していない。特に深刻なのは「進学校」であり、教室では多くの生徒が内職に精を出し、ほとんどの生徒がノートはとっているものの、消極的にしか授業に参加していない。次に深刻なのはいわゆる「底辺校」であり、多くの生徒は黙々と黒板をノートに写しているだけで何も考えていない。オートスキャナーのように黒板をノートに写しているのは、とっくに学ぶことに絶望してあきらめているからである。事実、数々の国際調査を瞥見すると、日本の高校生は授業に

提案授業（日本史）の風景。

対して他のどの国の生徒よりも「受け身」であり、校外の学習時間の世界平均が3時間であるのに対して、日本の高校生の6割は30分以下かゼロという状態に陥っている。

高校は、学びの希望と意味を見失い、学びを支える仲間と教師を見失い、やがて自分自身を見失う場所となっている。この高校を学びの希望と意味を見出し、学びを支える仲間と教師を見出し、自分自身を見出す場所へと改革する道はどこにあるのだろうか。高校の授業改革に挑戦している教師たちは、この根本的な問いと向き合っている。

２０１３年6月も二つの高校を訪問した。滋賀県立彦根西高校（当時、筧大英校長）と静岡県立沼津城北高校（当時酒井行男校長）である。いずれの高校も「学びの共同体」の学校改革に挑戦し始めて5年を経過している高校である。

彦根西高校（普通科と家庭科学科）は卒業生の約半数が就職、約半数が進学という高校であり、沼津城北高校は卒業生のほぼすべてが大学、短大、専門学校へと進学する普通科の高校である。どちらの高校も「学びの共同体」の学校改革を5年にわたって持続してきただけに、これまで以上に安定し授業改善も着実に進展していた。同年4月に訪問した静岡県立川根高校と同様、どちらの高校も授業改革の進展が著しかったが、ここでは彦根西高校で学んだことを報告しよう。

授業を変える・生徒が変わる

彦根西高校は、かつては「困難校」の一つとされていた。年間の退学者が100名を超えた時期もある。私が最初に同校を訪問したときも、生活指導によって校内の荒れは一定程度まで収まり、退学者も最悪の状態から半減していたとはいえ、女子生徒のほとんどはガングロ（時代遅れ）であり、教室で学びに専念している生徒は数えるほどしかいない状態であった。その状態が授業改革によって激変する。

すべての教室をコの字型にして小グループの協同的学びを導入し、それぞれの授業を教科書レベルの「共有の学び」と教科書レベル以上の「ジャンプの学び」の協同的学びで組織する授業の改革が学校ぐるみで取り組まれた。どの教師も年間に1回、それぞれの授業を公開し学年単位、全校単位で授業協議会が積み重ねられた。その結果、1年後にはどの生徒も授業に積極的に参加し学び合うようになり、問題行動は激減し、暗雲が晴天に変わるように教室には明るい生徒たちの笑顔が現れ、ガングロの生徒は一人もいなくなった。そして2年後には退学者数も10人にまで激減した。そして、この3年間、同校は就職希望者の全員就職、進学希望者の全員進学を達成している。

しかし、現実は過酷である。これほどの成果を達成したにもかかわらず、2011年、滋賀県教育委員会は彦根西高校と彦根翔陽高校(総合学科)を統合して新たな総合学科の高校を彦根翔陽高校の敷地につくることを決定した。この決定は、昨年度（2012年度）の彦根西高校の教師たちや生徒たちに少なからぬ失意を生み出した。それだけに本年度、同校の生徒たちと教師たちが気持ちを新たにして改革を前進させている姿には心を打たれた。同校の生徒たちと教師たちは「学びの共同体」の改革を統廃合の後も継承することを心に誓っている。

この日も、近隣の高校、中学校、小学校の教師たち、さらに他県からも多くの高校教師たちが、公開研究会に参加し、同校の授業改革から学び、その着実な進展を確かめ合った。

私も参観者の一人としてすべての教室の授業を参観し、提案授業による授業協議会に参加した。この年度の7月現在、同校の生徒指導の件数はゼロ（前年度は年間29件）であり、遅刻欠席者数は前年度の半数以下、そして退学者はゼロである。順調な滑り出しと言ってよい。その授業改革の到達点を示したのが、午後の提案授業と授業協議会であった。

授業で輝く生徒たち

田濃良和さんが行った提案授業「地方支配と受領（10世紀頃）」（歴史・3年1組文系）は圧巻だった。田濃さんはベテラン教師であり、いつも緻密な教材研究によって生徒たちを魅了している教師である。その真価が生徒たちの協同的学びによって発揮された授業となった。

この授業において田濃さんは「尾張国郡司百姓等解」という古文書を史料として生徒たちに配布した。「解」は目下の者が目上の者に出す文書であり、この古文書は国司の藤原元命《もとなが》の過酷な税の取り立てに対して郡司と百姓が朝廷に国司を代えるよう31か条にわたって訴えた史料である。生徒たちには、この史料と10の質問項目が記されたワークシートが配布された。

授業の開始後、田濃さんは3分ほどでこの授業のあらましを告げ、すぐに小グループの協同的学びが開始された。生徒たちは、難解な古文書の31か条をそれぞれ声をあげて読んで、その意味を探索する学び合いを展開した。どの生徒も夢中になって古文書と格闘している。

田濃さんがこの学年の社会科を担当したのは4月である。わずか2か月余りで、ここまで生徒たちを「歴史好き」に育てている秘密はどこにあるのだろうか。

ワークシートには「Q1どこの史料か」「Q2何が書いてあるのか（要約）」「Q3誰が誰をどこに訴えたのか」「Q4ほかの地方でもこのようなことは起こったのか（年表参照）」「Q5この史料で読める時代の変化は？」という問いで構成されている。ここまでが「共有の学び」である。

約15分後、田濃さんは各グループにホワイトボードをわたして最後のQ5の解答を書かせ、コの字型の教室配置にもどして約10分間の全体の学び合いへと移行した。ホワイトボードには「国司が朝廷（太政官）より強くなっている」「国司の課税が班田収授の2倍になっている」「国司の横暴によって郡司・百姓と対立している」などの趣旨が記されている。

全体の学び合いにおいて驚いたのは、どの生徒も歴史の認識において詳細な知識を正確に獲得していることである。たとえば、班田収授の法による課税の詳細、「租・庸・調」のそれぞれは何が対象で何に対する何％（何）の課税であるのか。そして、それらはどのような困難を百姓に課していたのか、さらには、それらの徴税において国司の役割は何であったのか。さらに「朝廷・国司・郡司・郷長」の関係はどのような関係であり、どのような変化が生まれていたのか。これらの詳細に関する田濃さんの発問に対して、生徒たちは笑顔で、あるときは声を揃え、あるときは各自が自発的に小気味よいテンポで軽々と答えていく。いったい、生徒たちはこれほど詳細で専門的知識をどこで身につけたのか。私も含め、どの参観者も生徒の知識レベルの高さに圧倒されてしまった。この生徒たちが中学生まで最底辺の学力に苦しんできた生徒たちであることを誰が想像できるだろうか。

驚いていたのは参観者だけではなかった。授業者の田濃さん自身、この場面で、生徒たちの歴史知識の詳細さと確かさに驚いたと言う。たとえば「租・庸・調」について生徒たちが学んだのは、6回ほど前の授業であり、そのとき配布した資料の詳細をことごとく生徒たちは理解して活用していたし、何よりも、この授業の核心であった「課税対象が人頭税中心から土地税中心へと変化したこと」を的確に古文書から読み取っていたことである。構成的な学びの有効性をこれほど実証した授業事例はないと思う。

授業の後半の「ジャンプの学び」は、Q6からQ10までであり、小グループで教科書（山川出版『高校日本史』）を音読した後、「租・庸・調」の税制度が変質して「官物・米・雑役」の課税へと移行し、「国司」が「受領」へと変化し、「田堵」と「受領」との対立が深まっていく。その変化によって律令制度が内側から解体して中世世界が準備されるという、10世紀頃の日本の歴史が生徒たちの歴史像として形成された歴史を文章で表現することにあてられた。先に示したように、すでに「共有の学び」で生徒たちは「ジャンプの学び」を事実上、達成していた。したがって、約20分間各グループでほとんど認識の確認作業のように学びが進展し、この授業を終えた。女子生徒たちが「歴史はおもしろい！」と授業後に語っていたのが印象的である。

彦根西高校のパンフレットには「勉強から学びへ・生徒同士が学び合い、いっしょに高め合う。それは聴くことから始まる。お互いが聴き合う教室には静かな集中がある」と記され、夢中になって学び合っている生徒たちの写真が「訊く（ask）・聴く（listen）」という言葉のまわりに多数掲載されている。この写真の生徒たち、教師たちの中に未来の高校教育が準備されている。

真正の学びによる授業づくり

教室の授業づくりが改革の中心

学校改革の中心は教室の授業の創造にある。しかも、学校の改革が実現するためには、一人残らず教師が教室を開き合って学び合う同僚性が構築されなければならない。学びの共同体の学校改革の特徴の一つは、授業づくりと学校改革を一体として追求している点にある。学びの共同体の学校における公開研究会が、提案授業だけを公開するのではなく、すべての教室の授業を公開し、校内の授業協議会も公開するのは、一人残らず子どもの学びの権利の実現を目指しているからであり、一人残らず教師の専門家としての成長を目指しているからであり、それらの学びの質の高まりを追求しているからである。

近年、これまで「学びの共同体」の改革が必ずしも活発ではなかった地域の学校において、いくつもの学校が堅実で着実な改革の歩みを遂行していることに確かな手ごたえを感じている。たとえば、福島県、群馬県、香川県、山形県、長野県などは、これまで「学びの共同体」の改革はそれほど活発ではなかったが、この数年で新たな活況を生み出しつつある。それらの学校を訪問すると、わずか1年か2年で質の高い学びが教室に実現し、教師たちの学びも洗練されていることに驚く。「学びの共同体研究会」のホームページの「公開研究会」の欄の予定表に示されているように、全国各地のパイロット・スクールで年間1千回以上の公開研究会が開催されているが、それぞれの学校でこの新しい傾向が見られるに違いない。この改革は、15年を経て、全国各地域の学校に確かな根をはってきた。

新年になって訪問した奈良市登美ヶ丘中学校（当時、山岡祥高校長）もその一つである。この同校は近鉄奈良駅と西大寺駅の中間にある生徒数314名の中規模の中学校である。この学校が学びの共同体の学校改革に着手したのはこの訪問の5年前、今はスーパーバイザーとして活躍している米田一成さんが同校の校長に赴任したときである。米田さんは前任校でも学びの共同体の改革を実践しており、生徒たちが荒れていた登美ヶ丘中学校で確信をもって改革をスタートさせたという。しかし米田さんは校長2年目に脳手術のため退職、改革はその後、二人の校長によって継承された。

私が同校を訪問するのは初めてである。この5年間、元校長の米田さんと同じく学びの共同体のスーパーバイザーをつとめる佐藤雅彦さん（元富士市岳陽中学校長）、藤田修一さん（元富士市吉原第一中学校長）が、同校の改革を支援してきた。

藤田修一さんがスーパーバイザーをつとめる学校はどれも教師の仕事が丁寧である。その成果と思われるが、同校を訪問して、どの教師も授業において思慮深く教材を扱い、生徒一人ひとりへの対応が細やかであることに感銘を受けた。改めて、教師の仕事は雑であってはならないと思う。教師の仕事の丁寧さが、生徒たちのひたむきで真摯な学びを実現する。事実、登美ヶ丘中学校では、どの教室のどの生徒も自然体で柔らかく、しかも誠実に学んでおり、それだけで同校の改革の着実な前進を垣間見ることができた。

真正の学びへ

登美ヶ丘中学校の教師たちは、どの教師も授業の専門家として着実な成長を遂げていた。それが同校の安定感を生み出し、生徒たちの真摯な学びを実現する基盤となっていた。決してメリハリのきいた見栄えのよい授業を行っているのではないのだが、どの教室の授業も参観しているだけで呑み込まれてしまう不思議な魅力にあふれていた。学びに夢中になっている生徒たちの表情が素晴らしいのである。しかも、生徒たちも仲間に対する細やかな気遣いを随所で見せてくれる。これが、かつて荒れを経験した学校とは誰も信じないだろう。

午前中の全クラスの公開を終えて、午後、提案授業を行ったのは、研修主任をつとめる丸本佳則さんだった。丸本さんは5年前から同校に勤務しており、同校の改革の一部始終を共にしてきた教師である。この提案授業に先立って、丸本さんは二つの準備を経験していた。一つは、1月の第2週に伊東市で開催された学びの共同体研究会の冬の合宿研究会への参加である。この研究会において、丸本さんは私の講演から「真正の学び」における「対象性の恢復」について学んだという。もう一つは、この提案授業のテクスト、三好達治の詩「大阿蘇」の世界を実感するために、阿蘇に旅し草千里に立ってこの詩を朗読したことである。この二つの経験が、この日の丸本さんの授業を支えていた。

丸本さんの詩の授業「三好達治作・大阿蘇」は、2年生のクラスを対象として行われた。「大阿蘇」は草千里の雄大な情景を背景として「雨が蕭々と降る」心象風景の詩情をうたいあげた傑作である。

教室に入りきれないほどの参観者に取り囲まれ、「丸本先生が精いっぱい頑張れるように、僕たちも頑張りましょう」という生徒の開始の挨拶から授業が始まった。何とも心優しい生徒たちである。生徒たちの詩のプリントにはそれぞれ前時に行った無数の書き込み

授業「大阿蘇」の教室風景。

が記されている。最初に数人の生徒が「『雨は蕭々と降っている』の『蕭々と』がこの詩の中心の言葉だけれど、この『蕭々と』のイメージを読むことにしよう」と語り、それを受けて、丸本先生は、この「蕭々と」の言葉とともに、生徒たちの書き込みで最も多かった最後の連の「もしも百年が、この一瞬の間にたったとしても、何の不思議もないだろう」という言葉の意味を問いかけ、すぐに4人グループの協同的学びへと移った。ここまでが2分、まったく無駄のない進行である。

グループの協同的学びが9分間続いたのち、コの字型の教室配置に戻って全体の交流を行うと、生徒たちは再び「蕭々と」のイメージへとテーマが推移していった。そこで丸本さんは、最後列の美樹（仮名）の発した問いを取り上げ、生徒全員に問いかけた。美樹の問いは、先の「もしも……」の直後にあるこの詩の結びの2行「雨が降っている　雨が降っている／雨は蕭々と降っている」の「が」と「は」はどのようなニュアンスの違いを生み出しているかという疑問であった。授業を参観している私は、美樹の問いの素晴らしさと、それを全体に取り上げた丸本さんの判断の素晴らしさに感動し、全身に戦慄がはしっていた。

三好達治の詩は、日本語の言葉の奥深さをきわめつくした詩情にあふれている。私が高校の頃、教科書には三好達治の詩「甃《いし》のうへ」が載っていた。「あはれ花びらながれ　をみなごに花びらながれ　をみなごしめやかに語らひあゆみ…」という詩は、今でも暗唱できるほど私を魅了しつくした。今目の前で学んでいる生徒たちも「大阿蘇」と出会い、この詩人の絶妙の言葉の芸術と日本語の響きと意味の深淵に魅了されているに違いない。

最後の2行「雨が降っている　雨が降っている／雨は蕭々と降っている」の「が」と「は」の違いという「ジャンプの課題」をめぐって、生徒たちは再び4人グループで協同的学びを開始した。このグループ学習は約15分間かけて行われた。どのグループもどの生徒もつぶやきと小声で夢中になって詩を何度も読み返しながら、「が」と「は」のニュアンスを味わっていた。

三つのグループは、それぞれ接近は異なっていたが、この「が」と「は」の使い分けによって「蕭々と」という言葉が鮮やかに浮かび上がってくることを指摘していた。また、別のあるグループは、それまでの箇所では「雨は蕭々と降っている」と「は」で表現されていたのに対して、ここでは「雨が」と表現されることで、草千里の馬の情景や山の情景から目を転じて雨へと焦点が戻ってきたことを示し、まず雨を前景化し、そして「蕭々と」の言葉を浮かび上がらせたのだという。また、あるグループは「雨が」と書き出すことで、雨が主体化されて、いっそう雨の動きがきわだたされているといい、さらに別のグループは、この「雨が」という表現によって、草千里も馬も山も意識から遠のいて、雨の「蕭々と降る」さまだけが浮かび上がっているという。いずれも至言である。しかも、協同的学びの途中で、どのグループも教科書の巻末の文法事項における「は」と「が」の違いを確認しており、さらに国語辞典で詩の随所の言葉のイメージをたどり直す作業も行っていた。

質の高い学びの創造へ

詩の授業において「真正の学び」がどのようにして実現するのかを丸本さんの授業は示唆している。「真正の学び」（教科の本質に即した学び）は、文学や詩においては「言葉のアート」としてテクストを読み味わったときに成立する。私たちを感嘆させたのは、生徒一人ひとりがテクストの言葉一つひとつを丹念に味わい、細やかで濃密なテクストとの対話を実現していたことである。「対象性（テクストや資料やモノ）の恢復あるいは復権」が「真正の学び」（ホンモノの学び）を実現する要件であることを先述の冬の合宿研究会の講演で私は強調したのだが、それをそのまま実現した授業であった。これほど細やかで濃密なテクストとの対話を生徒たちが可能にしたのは、丸本さんが一貫して生徒の学びをテクストの言葉にもどし、生徒の味わいやテクストの言葉との絡み合いを生徒たちの学びの協同へともどしていたところにある。さわやかな授業の終わりだった。どの生徒も深い思索の時を終えて晴れやかに教室を後にしていった。同校のどの授業にも言えることだが、ここには「話し合い」に陥らない「真正の学び合い」が成立していた。学びの共同体の授業実践の素晴らしさがそこにある。

質の高いジャンプの学びを求めて

同僚性による学びの高まり

東京都八王子市の宇津木台小学校（当時、冨所博校長）の公開研究会（研究主題は「聴き合い学び合う授業の創造」）に参加した。同校が学びの共同体の改革に着手したのは4年前、今年（２０１３年）で3回目の訪問である。大雪が関東地方を二度も襲った数日後、都心から遠く離れた八王子では路側に大きな雪の山が残っている。それでも台湾からの訪問団の教師41名を含む４００名ほどの教師たちが授業の観察と協議に参加した。同校の玄関をくぐると、子どもたちが「あなたに」（佐藤学作詞・三善晃作曲）の合唱で歓迎してくれた。

豊かな歌声と柔らかな響きを聴くと、同校の子どもたちが数年間でめざましい変化を遂げたことがよくわかる。東京都に学びの共同体のパイロット・スクールがまた一つ、着実に育ったことを確信した。

東京都の学校改革は、他のどの地域よりも難しい。その難しさは複合的である。どの先進諸国においても大都市の教育が最も困難をきわめている。アメリカで最も教育が劣悪で困難なのはニューヨーク、シカゴ、ロサンゼルス、イギリスではロンドン、フランスではパリとリヨンである。日本でも最も授業のレベルが低く、教育が困難なのは東京と大阪である。授業のレベルに限って言えば、その背景は複雑である。

いったい、なぜ、東京の教師の授業の力量は低く、子どもの学びの質が低いのか。これは学生時代から全国各地の学校を訪問したときからの疑問であった。いくつか理由が考えられるが、地方では長男や長女が地方にとどまって教職を選択することが多いのに対して、東京ではむしろ地方出身者が教職につくことが多いことがあげられる。一般的に言って、地方の教師たちの学力は高い。しかも地方の教員採用の倍率は高い。もう一つ大きな要因として、地方の教師の場合、県の端から端まで異動したとしても、その教師の評判はついてまわる。したがって、どの教師もどこに異動しようとも教師としての信頼を安定させるだけの成長を学校が保障しているし、教師自身も研鑽に余念がない。しかし、東京は隣の学校に異動しただけで、同僚や保護者はほとんど知らない人ばかりである。つまり東京の教師は「リセット」がきくのである。その安易さが教師の成長の保障をおろそかにしていないだろうか。

それに加えて、東京や大阪では学校内の同僚性を築くのがきわめて困難である。学校内において教師は孤立しており、小グループに分裂している。これも大都市の学校の特色であり、一人ひとりの教師は授業実践に対しては「相互不干渉」であり、それによって表面的な平静を保っている。もっと厄介なことに、東京の校長は校内の同僚性の中核に位置づいていないし、市や区の教育委員会も学校の校内研修を十分に支えていない。そのほか、あらゆる条件において、東京都の学校は同僚性と自律性を欠落しており、学校運営と教育行政は官僚主義が支配している。当然のことながら、子どもたちは授業に満足しておらず、その結果、休憩時間は騒然としている。学びに喜びと幸福を感じていないから、男の子はすぐに他の男の子にケチをつけているし、女の子は小グループに分かれて陰口を言い合っている。教師たちは、何とか「行事」で頑張って、子どもたちのつながりと志気を高めようとするのだが、「行事」は所詮「お祭り」であり、日常は騒然とした日々が続くだけである。

八王子市立宇津木台小学校の4年間の挑戦は、このような東京都の学校の困難の解決が、授業研究を中核とする教師の同僚性の構築にあり、どの子どもも一人にしない協同的学びの実現にあり、そして同僚性に支えられた質の高い学びの創造にあることを示していた。

ジャンプのある学び

午前の全教室の授業公開を終えた後、午後は6年の増本寿先生の社会科、2年の清水登詩子先生の算数の提案授業が行われた。私は清水先生の「三角形と四角形」の授業を参観し、その授業協議会に参加した。清水さんは4年目の教師だが、ベテランと肩を並べる授業の技量を備えていた。その事実が、同校の教師の学びの素晴らしさを示している。

この授業は、清水さんが立ち寄った本屋でタングラム（中国伝統の幾何パズル）に3時間も夢中になった体験談からスタートした。そのタングラムが黒板に提示された。次のような7枚のピースである。正方形が一つ、平行四辺形が一つ、それに直角三角形が五つである（次ページ上図参照）。

最初に2枚で三角形をつくる。そこで清水さんは「三角形はどんな形？」と問いかけ、「辺が三つで、頂点が三つ」という定義を確認している。つくり方は2通り。どの子もつくった三角形で「辺が三つで頂点が三つ」を指で確認している。

続いて3枚で三角形をつくるのに挑戦。このパターンは3通りあるのだが、5、6人の

タングラム

（すべてを組み合わせると三角形になる）

子どもはいろいろ試すのだが、1通りも見つけられない。そこで何人かが、OHPの画面上で実演して、その解法を示す。

2年生の子どもにとって向きを変えると三角形かどうかは怪しくなってしまう。「これは三角形？」と、清水さんが三角形の底辺を立てて示すと、「三角形じゃない」「私の首をひっくり返して横向きにすると三角形」という答えが返ってくる。そのうち「辺が三つ、頂点が三つだから、三角形」「約束を守っているから三角形」という声が広がり、ここで三角形の定義と形が一致する。

さて、いよいよジャンプの課題「5枚のピースをつかって三角形をつくろう」に挑戦である。どの子も夢中になって挑戦している。このクラスの素晴らしさは、子どもたちが解放されていて、自由にのびのびと学んでいるところにある。特に聴き合う関係は素晴らしい。誰か一人が語りだすと、すーっと皆がその声に耳をすましている。その姿を見るだけで、清水さんが1時間の授業の中で7回も8回もペア学習を取り入れて、一人も一人にしない教室づくり、仲間と協同で思考し探究する学びを根気よく続けてきたことがわかる。いつもペア学習によって学びを促してきたことは、一人ひとりの子どもの思考力が育っていることからも一目瞭然である。ペアの学びをたっぷりと経験した子どもだけが探究の能力を育てることができる。思考も探究も「自己内対話」であり、ペア学習をたっぷり経験した子どもは、他者との対話を内化させて「自己内対話」による思考と探究の能力と習慣を形成できるのである。

5枚のピースによる三角形づくりは決して容易ではなかった。しかし、15分ほどして良太（仮名）が最初に喜びの声をあげた。その良太の形を真似て、次々と達成する子どもが教室中に広がっていった。良太の成功の秘密は、ペアの仲間の和幸（仮名）が「大きな2枚を外してやってみよう」というつぶやきをヒントにしたところにある。その素晴らしいひらめきを和幸自身は生かせなかったが、良太はそれをヒントにして、この難問を解いたのである。「2枚を外して」というところに数学的思考の真髄が息づいている。

最後に、予想外に早くほとんどの子どもが「ジャンプ」を達成したので、清水さんは「じゃあ、7枚全部を使って三角形をつくってみよう」と呼びかけた。これは「ジャンプのジャンプ」である。終わりのチャイムが鳴っても、どの子も夢中で取り組んでいた。

低学年の学び

小学校低学年の授業改革のヴィジョンを、清水さんの授業はどんな言葉よりも雄弁に事実で示していた。清水さんの活動には一片の無駄な言葉も無駄な動きもない。その洗練した子どもとの関わりが、どの子も安心して夢中になって学びに専念することを可能にしていた。しかも、よく観察すると、清水さんはいつも子どもたちの学びよりも半歩ほど後方に自分のポジションをとっている。この教師の絶妙な「テンポの遅れ」が、子ども一人ひとりの伸びやかで弾けるような学びを促進している。若い清水さんが、このような授業の極意を身につけているのは、同校の同僚性が成熟していることの証しである。

参加者が感銘を受けたのは、ジャンプの課題の高さである。清水さんは、5枚で三角形をつくる課題が5年生の教科書に掲載されていたのを見て、2年生の子どもたちにとって「最適のジャンプ課題」になると判断したという。あっぱれと言うほかはない。

同校の訪問は年に一度だが、その合間を縫って埼玉大学准教授の七木田文彦さん、駒澤大学非常勤講師（現・東京大学特任助教）の杉山二季さんが何度も訪れて助言と支援を行ってきた。この二人のスーパーバイザーも若い教育研究者である。東京の教育を改革する希望があるとすれば、清水さん、七木田さん、杉山さんたち若い世代の授業改革の挑戦にあることを実感した。

沖縄の教室で観察した理科の学び

―授業デザインの素晴らしさ―

春の沖縄へ

２０１４年４月18日、入学式から１週間余りの沖縄県名護市立羽地中学校（島袋賢雄校長）を訪問した。小雨が降り、冬のように肌寒い羽田空港を朝一番の飛行機に乗って那覇空港に到着すると、沖縄はもう初夏のようだった。まぶしい太陽と澄み切った青空、そして真っ赤なデイゴの花が咲き始め、ピンクや赤や真紅のブーゲンビリアの花々が咲き誇っている。那覇空港で待ち受けてくれた村瀬公胤さん（麻布教育研究所長、名護市教育委員会）、岸本琴恵さん（名護市教育委員会）と一緒に、島袋校長の車で一路、名護市へ。車中で３人と語らいながら、この３年間の沖縄における学校改革について思いをめぐらせた。

沖縄本島の国頭《くにがみ》村教育委員会の神元勉課長（当時）が宮城尚志指導主事（当時）と連れ

立って広島市祇園東中学校を訪問したのが4年前である。そこで私はお二人と出会い、翌年、国頭村への訪問を約束したのが、そもそものきっかけである。それより10年ほど前、琉球大学附属中学校において学びの共同体の授業改革が取り組まれ、2年間にわたって協同したことがある。この改革は人事異動などにより中断してしまった。3年前、神元さんは自ら国頭中学校の校長となって学びの共同体の改革に着手し、宮城さんは村内の九つの小中学校のすべてで学びの共同体の改革を支援した。その成果は著しく、小橋川春武教育長（当時）は村議会の積極的支援を要請し、やんばる地域に改革ののろしが広がった。

この国頭村の改革に連動したのが名護市教育委員会であり、座間味法子教育長のバックアップを受けて岸本さんを中心にネットワークが生まれ、それまで困難校とされてきた東江《あがりえ》中学校、羽地中学校において学びの共同体のパイロット・スクールづくりが開始された。その成果は、まず不登校の子どもの激減として現れた。そして２０１３年４月から学びの共同体研究会のスーパーバイザーである村瀬さんを名護市教育委員会に迎え、現在は、名護市のすべての学校に村瀬さんと岸本さんが関わって改革の根を広げている。わずか、３年間とは思えない進展である。

羽地中学校を訪問すると、年度初め1週間の校内研究会であるにもかかわらず、市内の教師たちが１５０名近く、同校を訪れていた。訪問者の話によれば、前年11月に同校のすぐ近くの羽地小学校で行った名護市教育委員会と学習院大学教育学科共催の教員研修セミナーにおける私の講演が、羽地中学校の改革への関心を一挙に高めたという。

島袋校長は東江中学校の教頭時代に学びの共同体を導入し、2年前に羽地中学校に校長として赴任し、1年半前から改革に着手した。その成果はただちに問題行動の激減、そして多かった不登校生徒がゼロになるという目に見える成果として結実した。

もちろん、学校の改革は順風満帆で進むわけではない。特に沖縄の学校は非常勤講師、臨時採用教師が多いため、毎年、半数近くの教師が入れ替わる。羽地中学校も今年度、教師の半数が入れ替わっている。この条件を考慮すると、沖縄の学校での改革は、教師によって持続させるのではなく、生徒たちによって持続させなければならない。しかも、1年という短期の期間に、教師が生徒を支える学校ではなく、生徒たちが教師を支える学校へと改革しなければならない。そのようなことが、はたして可能だろうか。

学び合い支え合う生徒たち

さっそく、島袋校長の案内ですべての教室を訪問して授業を参観した。まず驚いたのは、1年生の生徒たちの学び合いの素晴らしさである。どの授業を参観しても、一人残らず夢中で学び合っている。低学力の子どもも散見されるのだが、どの生徒も明るく学び、わからない状態で固まっている生徒は見当たらない。まだ入学して1週間しかたっていないにもかかわらず、この状態である。その秘密は、昨年から校区の小学校でも学びの共同体の改革が始まったことにある。小学校と中学校が連携すると、これほど確かな変化が生じることを実感した。

2年生4クラス、3年生3クラスの教室の参観から学ぶことは多かった。どの教室もコの字型に机と椅子が配置され、男女混合4人グループの協同的学びによって「共有の学び」と「ジャンプの学び」が組織されていた。しかし、沖縄の学校に広く見られる難しさも感じられた。わからない生徒が白紙のままで学びを諦めてしまう。そういう生徒が各教室に4、5人は存在する。沖縄の学校では、どの教室でも生徒たちが協同的学びは喜んで受け入れるのだが、「ねえ、ここ、どうするの?」と尋ねることができない生徒が散見される。まわりの生徒たちも、どう関わっていいのか案じているようにも見えるし、教室によっては、仲間の生徒たちがわからない生徒たちを見捨てているようにも見える。この状態は、改革を開始して2年以内の学校では数多く見られる光景だが、この壁をどう突破すればいいのだろうか。その底には低学力という重い鎖が横たわっている。

もう一つ、すべての教室を参観して学んだことがある。いくつかの困難を抱えている2

エネルギーの授業風景＝名護市の羽地中学校。

年生の教室において顕著に見られることだが、教師によって生徒の姿がまるで異なっていることである。これも改革を開始して1年から2年の段階では、よく見られる傾向である。

まず生徒たちが崩れやすいのが、粗雑な教師の授業、一方的に大きな声で話して一人ひとりの生徒のつぶやきに耳をすますことを怠っている教師の授業、そして、教科書に書いてある易しい課題をくどくどと教えている教師の授業、これらの授業では、低学力の生徒は授業を開始して5分もたたないうちに、学ぶことを諦めてしまう。たとえ少人数の協同的学びになっても、ワークシートは白紙のままで埋めようとはしない。

しかし、その生徒たちも、丁寧に授業を進める教師、言葉を選んで語りかけている教師、生徒一人ひとりのつぶやきに繊細に応じる教師、学びの課題のレベルをあげてジャンプの学びに挑戦している教師、生徒の学びに愛おしさを込めて寄り添っている教師、つぶれる生徒たちを放置せず、一人ひとりを励ましている教師の授業では、同じ生徒とは思えないほど、夢中になって授業に参加している。その秘密として、繊細かつ丁寧に一人ひとりの生徒と関わり、ジャンプの学びを追求する教師の授業においては、誰もが安心して学べる環境がつくられることによって、仲間同士の協同とケアが十分に機能していることがわかる。

理科の探究による協同的学び

その意味で、この日の午後、宮城直介さんが3年生のクラスで行った理科「位置エネルギーと運動エネルギー」の授業は圧巻だった。高校生でも、あるいは大学生でも難しいのではないかという高いレベルの課題であったが、どの生徒も最初から最後まで夢中になって学び、一人残らずあと少しで解決するレベルまで到達した。

この授業の課題は二つであった。一つは、出発点と到達点が同じ高さのレールAとレールBがあって、レールAは、最初斜面を下り、その後は到達点まで水平にセットされている。それに対してレールBは、斜面を下るまではレールAと同じだが、少し進むとさらに低いところまで斜面で下り、その後水平に少し進んで上昇し、到達点ではレールAと同じ高さになるよう、セットされている。学習課題は、AとBの二つのレールでビー玉を同時に転がすと、どちらのビー玉が早く到達点に達するか、その理由を「位置エネルギー」と「運動エネルギー」という概念を用いて説明するという課題である。もう一つの課題は、同じ高さの出発点と同じ高さの到達点をもつAとBという二つの透明パイプがあり、Aは上の方で一回転し、Bは下の方で一回転している。この二つのパイプでビー玉を転がすと、どちらが早く到達点に達するのか、その理由を「位置エネルギー」と「運動エネルギー」という概念を用いて説明するという課題である。

授業を参観してまず感心したことは、授業者の宮城さんの柔らかな声と選ばれた言葉と一言も無駄のない語り方だった。この教師の授業であれば、誰もが安心して学べるに違いない。授業が始まるとすぐ、そう直感的に感じた。私の予測は的中した。この教室は33人中7人も特別支援を必要とする生徒たちが存在しているにもかかわらず、どの参観者もその存在に気づかないほど、一人残らず夢中になって学び、学びの快楽を明るい表情で示していた。しかも、この7人の生徒たちは、授業の終わりには、どの生徒も「位置エネルギー」「基準面」「運動エネルギー」という概念を使って、この興味深い実験を説明していた。

次に私が感銘を受けたのは、上記の二つの課題による授業デザインの素晴らしさである。すでに読者の方々はおわかりだと思うが、この授業のねらいは「運動エネルギー」を感覚的に理解し、かつ言葉による説明に挑戦することにある。最初の実験では、レールBの方がビー玉は早く到着点に達する。出発点と到達点の位置エネルギーは同じであるにもかかわらず、そして道のりではAよりBの方が長いにもかかわらず、Bの方が運動エネルギーは大きいのである。この興味深い現象を生徒たちは小グループの学びによって「位置エネルギー」と「基準面」という二つの用語で説明した。どのグループでも生徒同士で、さりげなく、わからない生徒を中心にする配慮を行って学びを展開しているのが素晴らしい。

二つ目の実験でもBのパイプの方が早く到達点に達する。この結果の予測は容易だが、この現象は「位置エネルギー」と「基準面」だけでは説明しようがない。だから、ジャンプの学びなのである。運動エネルギーは質量と速度の2乗に比例する。すなわち運動エネルギーをK、質量をm、速度を v とすると $K=\frac{1}{2}mv$ の公式が成立する。このことを生徒たちは、興味深い二つの実験で実感し、言語化に挑戦したのである。これほど高いレベルの学びに挑戦した生徒たちも教師も素晴らしい。

アートの学びの追求
―二つの教室の挑戦―

素材と技法

2014年7月初旬に訪問した二つの学校、茅ヶ崎市浜之郷小学校（谷口克哉校長）と杉並区大宮中学校（高澤功校長）の研究会では、それぞれ美術と音楽の創造的な学びを追求する授業が提案され、アートの学びの可能性と重要性について再認識させられた。

浜之郷小学校は、開校以来、カリキュラム全体の内容領域として「言葉の学び」「探究の学び」「アートの学び」「市民性の学び」の4領域を定め、「アートの学び」においては文学と詩、合唱、絵画と造形を中心にすべての教師で、創造性の教育に取り組んできた。

この日、5年生の教室で提案授業を行った堀宏輔さんは、昨年来、図工の教科でアートの授業実践に挑戦してきた。今回の提案授業で堀さんと子どもたちが挑戦したのは「泥絵の具による絵画」である。この着想は4月から抱き続けたという。子どもたちが、泥によって自由に表現する絵に挑戦してみたい。泥遊びの感覚で楽しめる絵を描くことはできないだろうか。堀さんは、絵の具と泥を混ぜることも考えたが、どうもうまくいかない。いろいろと思案した結果、4色の粘土で絵の具をつくることに落ち着いた。白い粘土、灰色の粘土、黄色の粘土、そして赤色の粘土（常滑焼の土）を準備し、子どもたちはグループごとにこの4色の粘土を水とボンドで溶かして「泥絵の具」をつくった。そして、泥絵の具のキャンバスとして画用紙2枚の大きさのベニヤ板をそれぞれに与え、普通の絵筆、小さな刷毛、プラスチックの板、立方体のスポンジ、それに手を拭くためのタオルを準備した。

授業が開始されると、子どもたちは4色の泥絵の具の容器をグループごとのテーブルの中心におき、待ち構えたように、それぞれベニヤ板に最初の線や模様を描き始めた。教室は一挙にアトリエになった。ささやく声さえも一言も聞こえない。静かな沈黙の中で、それぞれの子どもはおそるおそる最初の一筆をベニヤ板に入れてゆく。この素材のおもしろさは、たとえばベニヤ板にプラスチックの板で泥絵の具の太い線を入れると、その太い線は板の木目によってかすれたような太い線ができあがり、それ自体が、通常の絵の具と紙では表れてこない趣のある線になることだ。スポンジで泥絵の具をスタンプのようにベニヤ板におすと、また異なった味わいがそこに生まれる。板の上の泥だから、決して華やかではないが、素朴でしっとりとした色合いが生まれてくる。4色の絵の具は同じ泥の素材だから、どう組み合わせても互いになじみあい、ある調和が生まれてくる。子どもたちは、その意外性を楽しみながら、一筆、一筆、その趣と調和を確かめるようにゆっくりと泥絵の具をベニヤ板においていった。少し描いては、じっと画面を見つめ、そこから新しいイメージを生み出して、また一筆を入れるというように、静かな緊張感のある時間がゆっくりと流れていった。ものすごい集中力である。

私のすぐ横で描いていた美沙（仮名、以下同様）は、最初に四つの隅に赤土の泥絵の具で幅広の線を入れ、中央にリズミカルなタッチで黄色と白の泥絵の具の大小さまざまな丸い斑点のような模様を入れ始めた。ところどころに灰色の泥絵の具の線が混じる。美沙の絵は、その創作の作業もそれによって表現される抽象画の世界も、まるで音楽のようである。

その向こうのグループの香織は、画面全体に赤土と黄色の土と白色の土で大きな円を描いて塗りつぶし、そこに太い白の帯と黄色の帯をやや不均衡に入れ、それを地にしていくつもの短冊や線や点のさまざまな色のアンサンブルを描き出した。香織のデザインは、まるでクレーの絵のようである。そう見てみると、カンディンスキーのような絵、ミロのような絵など、一人ひとりの絵はどれも個性的で、しかも幾多のアーティストの作品を彷彿させるような味わいを醸し出している。その向こうのグループでは、指と手を絵筆にして描き出し、その向こうのグループでは、絵筆をふって、泥絵の具をベニヤ板のキャンバスにまき散らしている。さらに別の子どもたちは、ベニヤ板を1色で塗りつぶした後、天の川を描いたり、曼荼羅を描く子どももいる。

由美は、ただ一人何も描いていないベニヤ板を見つめて15分を過ごしていたが、ずっと絵筆をとって鳥の絵を描き始めた。由美は大好きなおばあさんが亡くなってから、ほとんど口をきかなくなっていた子どもである。その横ではしっかり者の瑠奈がメキシコのインディヘナの描く太陽の模様を描いている。さらにその横で転校生の和子が、灰色の土で「巳」の字を描き、その項上に目鼻を白土で描いて竜を表現していた。こちらでは、自閉症傾向の真人が細かい迷路を左上から綿々と描いていた。こんなに小さな迷路だと3時間かかってもベニヤ板は埋まらないだろうと思っていると、真人はぐるっと皆の作品を見てきて、スポンジをとって、中央から右下にかけての空白の部分に箱形のスタンプを色とりどりでおし始めた。一人ひとりが、どの子も個性的で自分らしさを表現しているのが素晴らしい。三角と四角と丸だけで面を構成している子、モザイク模様で描いている子、大胆な二つの帯を交叉させて、それを基本軸として自由な色の配置を愉しんでいる子、手に泥絵の具をつけて手形をデザインに組み込んでいる子、どの絵もそれぞれ多様で、そして味わい深い。先ほど、まるで音楽のようなリズムとハーモニーを描き出していた美沙は、中心にト音記号を描き込んだ。やはり美沙の中では音楽が響いていたのである。パウル・クレーの絵のように。

途中、堀さんは「一度手を休めてぐるっと皆の作品を見てみよう」と呼びかけたが、それ以外はじっと見守ることに徹していた。その自然でさりげない関わりも絶妙である。

私を含めて参観者の誰もが、黙々と作業に没頭する子どもたちの姿に見とれ、一人ひとりの作品の素晴らしさに驚嘆していた。5年生の子どもになれば、これほどまでに現代美術の抽象画をのびのびと表現できるのである。

アートの学び

5年ほど前から、浜之郷小学校では、どの教師も美術によるアートの教育を重視してきた。大学院で美術教育を専攻した中嶋信生さん（研修主任）が、子どもの美術表現のさまざまな素材と技法を同僚たちと共有してきたことの意義は大きい。どの教室でも「細やかさと丁寧さ」を追求し、淡い色彩の妙味を生かした作品が教室を彩っている。アートの学びは、子どもたちの創造性と感受性と情動を育むうえで決定的に重要である。私はアートを「もう一つの現実、もう一つの他者、もう一つの私、もう一つの世界と出会い、それを表現する技法」と定義している。アートは一人ひとりの無意識の中に潜んでいる「内的リアリティ」を言葉や行為や形やイメージなど目に見えるかたちに翻案する技法である。いわば、世界の秘密、私の秘密と対話し、それを表現する技法である。堀さんのクラスの子どもたちの泥絵の創作は、その可能性を具体的な姿とくっきりとした輪郭で私たちに示してくれた。

アートの可能性

浜之郷小学校の訪問の翌週、杉並区立大宮中学校を訪問した。大宮中学校が学びの共同体の学校改革に着手したのは2年目である。同校は、どの地下鉄や線路の駅からも30分かかる都心とは思えない地域にあり、地域柄、小学校から中学校に進学する際、6割の子どもは他の私立学校か他の公立学校へと進学する。特別支援を必要とする生徒たちも多く、2年前まではさまざまな困難が多い学校であった。その学校がわずか2年間で見違えるほど、変わりつつある。学力は飛躍的に向上し、不登校と問題行動も激減した。超特急のよ

泥絵を描く子どもたち。

うな変化であるが、特に3年生の生徒たちの学び合いは素晴らしい。

大宮中学校の公開研究会では、今年、この学校に転勤してきた森本祐子先生による1年生の「リズム」の授業が提案された。この音楽の授業における質の高い学びに、私は感嘆した。

「こんにちは」の和音の合唱練習で授業は開始され、森本先生のピアノ伴奏に合わせてお互いの肩たたきで身体ほぐしを行った後、発声練習、そして呼吸法の練習へと移る。テンポのいい展開であり、生徒たちの顔がどんどん明るくなる。そして「君をのせて」の合唱へと移る。森本先生の伴奏と伴奏しながらの指揮は素晴らしく音楽的である。音楽の教師は、何よりも立ち振る舞いや伴奏において音楽的でなければならないが、森本先生はその典型を示している。残念ながら、この要件を備えている音楽教師が少ないだけに、森本先生の姿に見とれてしまった。生徒も同じ思いだろう。「君をのせて」を歌う生徒たちの声は、自然で無理がなく、しかも透き通るように美しい。この曲を森本先生は原曲を3度あげて伴奏し歌わせていた。バスの男の子の声が生きるようにする心憎い配慮である。

「君をのせて」と「COSMOS」を一通り合唱で愉しんだのち、リズムの学びへと移った。生徒一人ひとりが任意につくった4拍子のリズムをグループごとに4小節にし、そのリズムを手拍子で合奏する。さらにグループごとにつくった4小節を任意につなげて16小節にし、それを手拍子で演奏し、さらにはそれらを4小節ごとグループで割り振って合奏する。まさにジャンプの学びである。そうして仕上げとして「ラバース・コンチェルト」をCDで流して、リズム合奏を行う展開である。「ラバース・コンチェルト」という曲の選択も素晴らしい。この曲であれば、どのような任意のリズムの組み合わせでも、複雑なリズムが響き合い合奏として楽しめるからである。

この森本先生の音楽の授業も、アートの学びの可能性と重要性を再認識させるものであった。大宮中学校は、音楽の授業によるアートの学びによって、学びの共同体の基盤を豊かにし、同校の新しい一ページを開くことになるだろう。

一人ひとりを学びの主権者に

質の高い学びの追求

この数年間における学びの共同体の授業改革の実践を一貫しているのは「質の高い学びの創造」である。どの学校、どの教室を訪問しても、学びの共同体の授業改革は、一方では安定した展開を示していると同時に、もう一方では「質の高い学びの創造」を着実に前進させている。「質の高い学び」のイメージも、少しずつ共有されつつある。このイメージの共有の基盤となっているのが、「学びを成立させる三つの要件」としての「聴き合う関係」と「ジャンプのある学び」と「真正の学び (authentic learning)」である。学びの共同体の授業改革は教育学の実践であり、理論的実践であるから、これらの三つの要件とそれらの概念の意味は大きい。

「質の高い学びの創造」において、教師たちの実践を支える思想として上記の事柄に加えて新たなものが芽生えつつあることを、この数年間感じとってきた。それを一言で表現すると「学びの主権者を育てる」という思想である。学びの共同体の改革においては、一人残らず授業の最初から最後まで夢中になって学び合う授業づくりが追求されてきたが、そこで一人残らず子どもたちが学びの主人公（protagonist）になるというヴィジョンは、もう一歩進んで、一人残らず学びの主権者を育てる教育へと進展しつつあると思う。

この2か月、全国各地で開催される夏の研究会、および学校への訪問によって遭遇した授業実践のほとんどが、「質の高い学びの創造」を現実に体現する授業であり、さらには一人残らず学びの主人公とするヴィジョンを現実化する授業であった。

その根底にあるのが、協同で思考し探究する能力への信頼である。子どもが主人公になって学ぶ教室に共通しているのは、声のテンションが低く無駄な言葉と行動のない教師の居方と立ち振る舞いである。彼らは説明と発問によって授業を展開するのではなく、最小限の説明とデザインされた課題の提示と協同の組織によって授業を推進している。子どもたちは知識や認識は教師よりも劣っているが、誰もが思考し探究する潜在的な能力をもっている。この潜在的能力を現実化するのが聴き合う関係を基盤とする学び合う活動である。しかも、子どもが思考し探究する能力の差は、協同的な学びが保障されれば、学力差よりもはるかに少ないし、教師のそれと比べても遜色がないほどである。この信頼によって教師は一人ひとりの学びの尊厳を尊重し、一人の子どももお客さんにしない授業を実現させている。

これらの要件を教師が体得しているかどうかは、教師の居方とまなざし、一言も無駄のない言葉と挙動に端的に現れている。グループ活動は、それが最も現れる場面である。子どもが夢中になって学び合っている教室の教師は、子どもにとって透明な存在になり、静かに傍らで見守っている。それに対して、子どもたちの学びが拡散し夢中になりきれない教室では、教師が目立って動き回り、子どもに声をかけて学び合いを陰に陽に妨害している。しかも、自分が邪魔をしていることに教師自身が気づいていない。グループ活動に入ると、教師は可能な限り、透明な存在となって、どうしても必要な援助だけに徹すればいい。むしろ、静かに椅子に座って子どもの学びを見守り、子細に観察することこそが重要である。子ども一人ひとりの学びの尊厳への気づきは、そこから生まれてくる。

主権者教育の実践

1か月前に訪問した福島県須賀川市立須賀川第三中学校（森合義衛校長）で参観した藤

井義朗先生の社会科「人権の尊重と日本国憲法」（3年）の授業は、学びの主権者を育てる学びの共同体の授業実践の典型の一つと言ってよい。この授業は、授業の最初から最後まで一人残らず子どもが学びの主人公になって夢中になって学び合っただけでなく、学習内容そのものが主権者教育であったことからも、私にとって印象深い授業であった。

須賀川第三中学校は、生徒数が325名、校区に市営住宅と県営住宅をそれぞれ二つ抱え、生活に困難を抱えている生徒も少なくない。そのため、かつては市内10の中学校の中で最も困難な学校と言われていた。しかし、3年前に市教育委員会学校教育課長であった森合先生が校長となって学びの共同体の学校改革を推進し、驚異的とも言える変革を達成した。生徒たちは一人残らず学びに積極的に参加し、問題行動は皆無となり、学力は教科によっては100点満点で20点以上も向上して市内でトップへと飛躍した。クラブ活動も活性化し、昨年は英語弁論の県大会で優勝し全国大会に出場している。私が同校を初めて訪問したのは3年前、今年（2014年）は3度目の訪問である。

森合校長の穏やかで堅実なリーダーシップによって、学校は1年ごとに着実に改革されてきた。昨年に比べて、どの教師も学びの共同体の改革を個性的なスタイルとして体得し、どの教室においても、質の高い学びの創造を追求して、静かに学びに専念する生徒たちとそれを温かく支える教師の姿に感銘を受けた。特に1年生のときから学校改革の進展を共

日本国憲法を学ぶ生徒たち。

にしてきた3年生の成長が素晴らしい。

その3年2組の教室で、中堅にさしかかろうとしている藤井さんが、社会科の授業を公開した。「人権の尊重と日本国憲法」の授業である。藤井さんは「テレビで佐藤先生が『特定秘密保護法案に反対する学者の会』の記者会見をしているのを見たので、いい加減な授業はできないと思って頑張りました」と笑う。

提案授業においてデザインされた協同的学びは、日本国憲法の全文（前文と103条）を読み、自分が最も大切にしたい一つの条文を選びその理由を示すこと（共有の課題）と、その選んだ条文を誰もがわかるように翻案した文章をつくること（ジャンプの課題）の二つである。藤井さんは、まず前回の授業においてグループごとに人権の種類とその歴史について書きこんだホワイトボードをグループ内とグループ間で一覧することから授業を開始した。どのホワイトボードにも、びっしりと「人権」と「人権思想の成立」に関する知識と概念が書き込まれ、前回までの学習が濃密な内容であったことを示していた。

授業開始8分後、日本国憲法全文の資料を読み、最も重要だと思う条文を選ぶ活動へと入った。私が驚いたのは、生徒たちが手にしている資料が、昭和21年11月3日の日付の「日本国憲法官報号外」であったことである。私自身、その存在は知っていても、初めて見る史料である。授業後「どこで手に入れたの？」と尋ねると、古本屋を物色していたときに偶然、見つけたのだという。このシミまでも残している史料は、戦後直後の日本人が初めて日本国憲法を手にしたときの感慨を想像させてくれる。見えない配慮であるが、その周到さに社会科教師の意地を見る思いがした。

主権者として学ぶ

日本国憲法を読みこむ生徒たちの姿は素晴らしかった。なぜ、生徒たちは、これほどまでに日本国憲法に夢中になるのだろうか。ずっとその問いを抱き続けて授業を観察した。

しかし、今なお、その問いに対する満足のゆく答えを見出していない。

学びの共同体の授業における協同的学びは「集団学習（班学習）」ではなく「個人作業の協同化」として展開する。そのことを象徴するかのように、ほとんどのグループにおいて4人はそれぞれ別の条文を選択していた。それぞれ異なる条文についての学びへと個性化していくのだが、グループでは絶えずつぶやきとぼそぼその学び合いが推進され、個性と共同性が響き合っている。

私が、さらに感動したのは、教師は何も方向づけず、生徒たちが自分の判断で条文を選んだのにもかかわらず、生徒たちの選んだ条文は、9条、13条、14条、25条、97条に集中していたことだ。結果的に、26条（教育権）を選んだ生徒が数名いたが、それ以外の条文を選んだ生徒はいなかった。周知のように9条は「戦争放棄」、13条は「幸福追求権」、14条は「法の下の平等」、25条は「生存権」、そして97条は「基本的人権の本質」である。いずれも、日本国憲法の定める人権の核となる条文であり、103条にも及ぶ条文をすべて読んで、これらの条文に集約されていったのが興味深い。

授業の前半で日本国憲法の精読と条文の選択を終えたのち、後半はジャンプの学びとして、選んだ条文を「わかりやすく」翻案する文章づくりの協同的学びへと移行した。生徒たちは、それぞれ国語辞典を片手に条文の読み下しに挑戦した。たとえば、「すべて国民は…」という条文冒頭の書き出しは、「赤ちゃんから老人にいたるまで日本で暮らすすべての人は…」と書き下すのである。生徒たちのグループの学びに子細に耳を傾けていると、この学びの深さが実感される。たとえば、第25条の「健康で文化的な最低限度の生活」という記述において「文化的」はどう解釈すればいいのだろうか。第97条の「人類の多年にわたる自由獲得の努力の成果」とは何を指すのか、「過去幾多の試錬に堪へ」とは何を意味しているのか、「永久の権利として信託された」とはどういうことを言っているのか。生徒たちは、一人ではうまく解釈し表現できない内容を互いに訊き合って納得するまで小声で学び合っていた。

この授業は、立憲主義の精神を具体的条文でたどっていることからも、市民性(citizenship)の教育の典型の一つであり、何よりも学びのスタイルも含めて主権者教育の最も優れたかたちを提示していた。

ジャンプする学びが生み出す協同の意義

質の高い学びの創造へ

富士市の元吉原中学校（早川充校長）3年生の教室で、小関元明先生が「元寇―蒙古襲来絵詞から読み取ろう」の授業を公開した。小関先生は、今年同校に転勤した教師であり、前任校でも経験があるとはいえ、学びの共同体を本格的に追求した挑戦の授業であった。「蒙古襲来絵詞」を史料とする授業は歴史授業の定番であり、これまで30回以上の授業を参観してきた。しかし、今回の授業デザインは、これまでのどの授業とも異なっていた。これまで参観した授業はいずれも、元軍の連合軍に単身で立ち向かう竹崎季長の姿を描いた絵を用いていたのに対して、小関先生は、全2巻21枚の絵と詞のすべてをカラーコピーの巻物として各グループに配布し、その全体像をとおして歴史を学ぶ授業に挑戦した。配布された巻物は、縮刷印刷でも全長25メートルに及んでいる。

授業前半の「共有の学び」において、小関先生は、21枚の絵と詞のうち、①「私は領地を持っていないので、わずか5人の武士団です」②「幕府軍総大将に『今から先駆けをする』と伝える」③「白石六郎が助けに来てくれた」④「竹崎季長が先駆けをする」（これが通常の授業で使われる絵詞）⑤「元軍の陣地の様子」の5枚の絵がどこにあるのかを確認し、鎌倉幕府に直参するまでの全体のストーリーを小グループで確認させている。

そこから授業の中心である「ジャンプの学び」へと移行した。新たに①「蒙古襲来絵詞」の詞五の一部分で、鎌倉への直訴は幕府によって禁止されていたため竹崎家一族は反対し、その反対を押し切って竹崎季長が鎌倉に旅立ったこと、そして片道の予算しかなかったため恩賞がもらえなければ出家する覚悟であったことを現代語訳で示す資料、②当時の世代間の財産相続の仕組みを図示した資料、③「蒙古合戦勲功配分表」の史料のコピー、④文永の役の元軍の進路を示す地図、それに⑤鎌倉幕府への直訴における安達泰盛（幕府官僚）と竹崎季長との会話の現代語訳（小関先生が作成）を一人ひとりに配布した。いささか資料が多いと思われたが、生徒たちは、それぞれ最も関心をそそられる資料をもとに歴史的想像力をフル回転させて学びに没頭した。

社会科の授業、特に歴史の授業は、資料と課題が決定的である。この授業では、前半の

「共有の学び」では8分間の小グループの学び、後半の「ジャンプの学び」では16分間の小グループの学びが展開された。「共有の学び」では弱視の男子生徒ともう一人の男子生徒が巻物を巻くことに気をとられる様子も見られたが、「ジャンプの学び」では一人残らず学びに没頭し、安達泰盛と竹崎季長の会話文の心情の襞や隠された意味までも解読する魅力的な学び合いが成立していた。やはり歴史の学びにおいては資料の力が決定的である。そう再認識することができた授業であった。授業の最後に小関先生は「今日の授業で学んだ資料から何がわかる?」と尋ねた。その問いに対して、生徒たちが一斉に「蒙古襲来によって、領土を与えることができず、鎌倉幕府を支えていた御恩と奉公の関係が崩れてきた」と答えたのは、驚きだった。この日の授業で、それまで「御恩と奉公の関係」の変化については教師も生徒も一言も触れていなかったからである。ここにも、この歴史の授業における学びの質の高さが表現されている。

真正の学びの条件と夢中になって学ぶこと

小関先生の蒙古襲来絵詞の授業は、真正の学び(authentic learning)が「対象性の恢復」、すなわちテクスト(資料)との対話による学びの復権によって実現することを端的に示して

蒙古襲来絵詞を学ぶ。

いた。教室における学びの疎外（alienation）は、「対象の喪失（missing object）」「他者の喪失（missing others）」「意味の喪失（missing meaning）」の三つで生じているが、そのうち「対象性の恢復」は真正の学びを成立させるうえで必須の条件である。

この授業で生徒たちが最初から最後まで夢中になって学んだ条件がもう一つある。この授業において参観者たちを感動させた一つの要素は、一人も一人にしない生徒たちの学び合う関係の親密さであり、細やかな配慮と優しさでケアし合う生徒相互の関わりの素晴らしさである。私自身、この日、朝から全教室を参観し、特に3年生のクラスの生徒たちが一人残らず学びを支え合う関係を築いていることに深い感銘を受けていた。同校には毎年2回ずつ訪問しているので、彼らの成長は1年生から知っている。この学年は、入学時から低学力の生徒が多く、情緒面でも対人関係においても不安定な生徒が多い学年で、2年生までは知的にも社会的にも「幼さ」が残っている学年であった。その生徒たちが3年生になって飛躍的に成長している。その姿が何よりも驚きであり、私にとっては嬉しかった。

事実、元吉原中学校3年生の学び合いにおけるケアの関係は天下一品である。どの生徒も一人になっていないし、どの生徒もわからないときは臆することなく友達に尋ねている。同校は「聴く・訊く」を学びの作法の最大要件として指導してきたが、その成果は着実に教室に根づいていると言ってよいだろう。そして何よりも、生徒たちが互いに優しいのである。いつから、この生徒たちは、これほどの優しさを身につけたのだろうか。見ていて、ほれぼれする姿である。グループごとに学びに困難を抱える生徒は1人か2人いるのだが、その生徒がわかるまでグループの皆が決してあきらめることはしない。この温かな信頼と連帯があればこそ、生徒たちは夢中になって学び合えるのだと思う。

たとえば、午前中に見た3年生の別のクラスの数学の授業。長方形の周辺を点が移動してできる三角形の面積を関数で示してグラフに表す問題で、どうしてもわからない和子(仮名、以下同様)を靖男がケアしている。「1秒で2㎝移動するだろ。x秒後には何㎝進む?」

「?・」「ここから毎秒2㎝だよ。じゃあ2秒後は?・」「ここ?・」「そう、何㎝進んだ?・」「4㎝」「そう、それどうやって4㎝と求めた?・」「2㎝たす2㎝」「?・?……そうだね。それって掛算にできない?・」「?・」という会話が続く。それでも靖男はあきらめないから、和子もあきらめない。それから10分近くたって、同じグループを覗いたら、顔を隠すようにして学んでいた和子は笑顔になって、二次関数の立式までたどりついていた。その様子を靖男も他の二人の生徒も温かく見守っている。

ジャンプの学びをデザインする

小関先生の授業において学ぶべきもう一つの事柄はジャンプの学びの大切さである。この授業では、蒙古襲来絵詞の終盤のくだり、安達泰盛と竹崎季長の会話文から「御恩と奉公の関係の崩れ」を読み解くというジャンプの学びが組織されていた。

この授業は中学校3年のジャンプの学びの意義を示していたが、今年の夏休み「三重学びの会」で提案された四日市市浜田小学校（老谷洋子校長）2年生の山村ゆかり先生の「九九をつくろう」の授業は、小学校低学年のジャンプの学びの意義と魅力を存分に発揮した素晴らしい授業であった。この授業においても、ジャンプの学びをデザインした授業に特有のみずみずしく弾むように学び合う子どもたちの姿がまぶしいほどである。

山村先生は「九九の総仕上げ」として、おもしろい学びの課題をデザインした。授業の前半の「共有の学び」は、縦4個、横5個並んだチョコレートの箱で3個食べたらいくつ残るかという問題である。この「共有の学び」はペア学習によって10分で終えている。残りの35分はジャンプの学びである。「ジャンプの学び」の課題は複雑である。山村先生は、クッキーの菓子箱を子どもたちに提示し、菓子箱の箱をとると、縦に3列、横に5列のクッキーが見え、その一つずつに見えないが段状に4個ずつのクッキーが入っている。その最上列の一つの段4個のクッキーを山村先生が食べ、さらに最上列の残りの四つの段の1個ずつのクッキーも山村先生が食べたという。つまり、4段の縦3列横5列の菓子箱で、最上段の一つがからになっていて、残りの三つが3段になっている。この菓子箱のクッキーの総数はいくつかという問題である。

山村先生の説明が終わりかけたころに、子どもたちは「それで先生、問題は?」と尋ねて教室は笑いに包まれた。先生が黒板に問題を書くと、子どもたちはすでに課題を自分たちで察知しているので、先生の書く文字より先行して声を合わせて問題を唱えている。そこからペア学習である。低学年の子どもとは思えないほどのすごい集中力である。しかも、感動するのは、活発にペア学習を展開しながら、二人で別の解き方をつくりだしているペアが多数見られることである。ペアの協同によって、二つの解法を見つけていく。いったい、この子たちの頭はどうなっているのだろうか。これほど興味深いペア学習を見るのは初めてである。

8分間の夢中になって学び合ったペア学習のあと、全体の学び合いへと移行した。最初に和久がOHPを使って、3×4＋4×5＋4×5＝52という式と答えを図で示して説明する。この4×5を2回足すところで、子どもたちは全体に2をかけて失敗したと語り合う。つまり4×5を「まとまり」として考えなければまちがえてしまう、という。次に達夫が出てきて、3×5×4－8＝52を式と図で示した。ここで山村先生はペアにもどして、この式の意味を確認させている。しばらく、この式の解釈で全体の学び合いが続く。「全体－食べた数」という確認が行われる。さらに「移動方式」と言って、睦が2×5×4＋4×1×3＝52という解法を示す。すると、同じく「僕も移動方式」と言って、久志が7×4＋4×6＝52を発表し、この方式もペア学習で全体の理解へと結びつけられた。ジャンプの学びの意義と魅力を満喫できる実践だった。

社会科における真正の学び

17回目の公開研究会

２０１４年11月14日、神奈川県茅ヶ崎市の浜之郷小学校は17回目の公開研究会を開催した。17年前、浜之郷小学校が「学びの共同体」のパイロット・スクールとして誕生したとき、全国から押し寄せる訪問者から大瀬敏昭校長と私は、何度も同じ質問を受けた。「10年後の浜之郷小学校をどのような学校にすることを目標にしていますか？」。大瀬校長と私の回答は一致していた。「10年後の浜之郷小学校の姿は、10年後の子どもたちと教師たちと保護者が決定することです。私たちは、この学校の現在にすべての関心と力を注ぎ込んでいますし、現在にしか責任を負っていません」。そう回答しながら、心ひそかにこの改革が10年継続することを願っていた。それから17年、同校は、期待以上の実践によって改革を持続してきた。「始まりの永久革命」の持続である。「よく伝統を持続してきましたね」と言われると、それは少し違うと言わざるをえない。「伝統の継承」を行うだけでは、改革の持続は不可能であった。絶えず、新しい子ども、新しい教師、新しい保護者とともに「伝統の革新」に挑戦し続けなければ、伝統を継承することはできない。そのことを今年の公開研究会でも再確認した。

公開研究会において圧巻だったのは、午後の提案授業、脇坂圭悟さんの社会科「工業生産を支える人々」（5年）の授業であった。脇坂さんは3年前に浜之郷小学校に転勤してきた中堅教師、一昨年と昨年は音楽を中心に研究授業を行ってきたが、今年は社会科に挑戦している。社会科の教科書で「工業」は自動車産業を中心に扱われ、自動車の生産工程を学習し、自動車工場を見学し、最後に自動車の輸出と自動車工場の海外進出を学習するものとなっている。脇坂さんの授業デザインはそれとは異なっていた。自動車産業を担っている多様な人々を固有名で登場させ、それらの人々の現実と葛藤を教材化することによって、自動車産業の学びをグローバル化する日本の生きた現実として学習させるという創意的で挑戦的な学びがデザインされた。その授業デザインの卓越性について記しておこう。

脇坂さんは単元を開発するにあたって、教室の子どもの3人の保護者が自動車産業の仕事に従事していることに着目、この3人の保護者を生きた教材とする授業を構想した。タ

自動車産業で働く人々を学ぶ。

イの自動車工場で技術指導を行っている和也（仮名、以下同じ）の父親、国内のエアバッグの工場で働いている美貴の父親、そして国内の工場で自動車エンジンを製造している美香の父親と母親である。浜之郷小学校では、開校以来、保護者が授業に協力し参加する「学習参加」の取り組みを継続しており、脇坂さんの依頼に保護者たちは喜んで応じてくれた。保護者たちへのインタビュー資料は、この授業の学びを真正なものにする決め手となった。

和也のお父さんは、国内8工場、海外16工場の自動車会社に勤務している。見た目は同じ車でも国によって部品や構造は異なり、生産工程ではチームワークが重要であること。そして近年は、人件費と材料のコストが低い海外へ進出し、異国の文化を学び、異国の人々と協同することが重要になっていること。さらに国際競争により開発のスピードが短くなり、日本のメーカーは海外のメーカーに抜かれてしまう状況も生まれていることを語っている。

国内のエアバッグを開発している美貴のお父さんは、エアバッグを膨らませているのは火薬であるという。そして、仕事をするうえで最も重視しているのは「安全・人の命が第一」ということだが、同じ機能をもつ二つの技術があったとして、その一方が「コスト」が低いと、その技術が採用され、現実には「安全・人の命が第一」と「コスト」とは矛盾してしまう。しかも、エアバッグなどの子会社は相互に競争状態におかれており、「コスト」競争をめぐる厳しい現実を語った。美香のお父さんとお母さんはエンジンを製造する会社に勤めており、自動車工場の海外進出によって、国内の子会社の工場が閉鎖に追い込まれる危機に直面していることが語られ、この授業の前には、美香のお父さん、お母さんの話を契機にして、海外進出によって町工場が倒産した新聞記事の学習も行われている。

真正の学びが生み出すもの

この日の授業は、最初に和也のお父さんの話の印刷資料、美貴のお父さんの印刷資料を読んだ感想文（事前に子どもたちは共有）への意見の交流から始まった。最初に指名されたのは隼人、黒板に張られた各国の人件費の表に言及して、これほど人件費に差がある以上、海外進出することは避けられないと語る。私は1年生のときから隼人を知っているだけに、この脇坂さんの思慮深い指名に感動し、さらに隼人の論理的な発言にも感動した。

隼人は、最も幼い子どもであり、すぐパニックに陥ってしまう子どもだった。その隼人がここまで成長し、夢中になって難解な問題に挑んでいる。事実、この日の隼人の学びは夢中そのものだった。続いて、脇坂さんの細やかな配慮による指名によって、次々と和也のお父さんと美貴のお父さん、美香のお父さんとお母さんへのインタビューに言及した素朴な感想が交流されていく。

子どもたちの関心の焦点は、人件費と材料費の「コスト」による自動車工場の海外進出と、それによって空洞化する国内の自動車工場の現実とに収斂している。

そこで脇坂さんは、「海外進出か、国内生産かということが皆の関心の焦点なんだね。どちらを優先させるべきかという問いに答えはないのだけれど、それぞれがどう考えているかをグループ内で交流しよう。どちらの意見も根拠も話し合ってください」と呼びかけた。

小グループによる「共有」の協同的学びは9分間続いたが、それ自体が、この教室の学び合いの素晴らしさを伝えていた。どのグループも「話し合い」ではなく「聴き合い」によって協同的学びを実現させていた。

そのこともあって、対話的な学びとその交流が自然体で実現しており、しかも、どの発言も資料集や教科書や分厚いノートの資料やメモ書き、それに黒板に掲示された資料にもとづいて語られている。さらに言えば、どのグループでも、全体の学び合いでは挙手しない子どもたちが、グループ内ではむしろ中心になって発言し学び合っている。

どの子も学びの主人公になっている風景を見ていると、この子どもたちが民主主義を他者への応答や身体のふるまいのレベルで体得していることに感動してしまう。

社会を生きる

小グループのあとの全体の交流では、やはり予想通り「人件費のコスト」において比較にならないほどの差がある以上、海外進出はやむなしという意見が大勢を占めていた。しかし、靖が「個人的には国内生産を重視すべきだと思うのだけれど、社会的には海外生産を推進することしかない」という発言を皮切りに、「個人的には」と「社会的には」という二つの次元に分けて思考する発言が続いた。この交流に衝撃を走らせたのが、おとなしい芳子の次の発言だった。「この前、お父さんの会社がつぶれてしまって、私がお父さんに、なぜつぶれたのって聞いたんだけど、お父さんは、会社が倒産すると、会社の土地までお金で持っていかれたと言っていた。だから、お金が（すべてを）動かしているのだと思う」

この発言は、電撃のように教室全体を襲ったが、その電撃は伏線となって、この日の最後まで地下水のように流れて、やがて「海外進出にしても、国内生産にしても家族の幸せが第一」という、この日の学びの到達点を導いている。

全体の交流では、両親がエンジンを製造している美香が「海外進出をしていると、日本の国内の優秀な技術もすたれてしまうし、海外に持っていかれてしまう」という発言も見られたし、他の子どもが「個人的には国内生産」だが「社会的には海外進出」と主張しているのに対して、唯一、タイでお父さんが働いている和也だけが「個人的には海外進出」だが「社会的には国内生産」と発言したのが印象的であった。

ここで、脇坂さんは、この年の2月の新聞記事を紹介、トヨタが人件費が高騰したためオーストラリアでの生産を中止し、4千人の現地社員のうち2500人を解雇したという記事を示した。ここからが「ジャンプ」の学びである。「この記事によって、自分の意見が変わったかどうか。そして、日本国内の人も海外の人も、どちらも幸福になる道はあるのか、ないのかを、これまで学んだことから考えてみよう」という課題である。この小グループの協同的学びは12分間続けられた。これまで以上に、深い思考によって、どの子どもも学びに没頭している。これほど高度で、抽象度の高い課題であるのに、子どもたちの発言は、和也のお父さん、美貴のお父さん、美香のお父さんとお母さんの具体的な生き様として語り合っており、タイの工場で働く人々、オーストラリアで解雇された人々の幸福について語り合っている。どのグループも、もはや「海外進出か国内生産か」という枠組みを超えていた。学びと語りの中心は「海外進出と国内生産のジレンマ」という言葉が、この日の学びの結論となった。そして「そのジレンマ」であり、事実、「ジレンマ」を最も大切にしたいのは、自動車産業に携わる人々」のすべての「家族の幸せ」であった。

授業協議会で谷口克哉校長も指摘していたが、これほど多様な意見が27人の教室で総計40以上も発言されたが、どの一つも教師によっても子どもによっても積極的に受容され否定されていない。それほど、脇坂さんと子どもたちは誰もが聴き上手、学び上手なのである。

第2部

育ち合う学校

学び合う教室を求める地域からの改革

佐渡へ

　2012年3月1日夕方、新潟港からジェットホイールに乗って佐渡島の両津港へと向かった。これまで全国各地の学校を訪問してきたが、佐渡の学校を訪問するのは初めてである。佐渡を最初に訪れたのは学生時代、ドライブで両津、相川、尖閣湾を回った思い出がある。桟橋で出迎えてくれた小林裕之さんの車で河原田町へ30分。その道中で驚いたのは、両津港から河原田町までの風景が35年前とほとんど変わっていなかったことである。それほど佐渡の経済は長期にわたって停滞している。

　かつて佐渡は金と銀の採掘で繁栄を極めていた。絶頂期は17世紀、1601年に金山が発見されて以来、全国各地から人々が押し寄せ、相川は5万人を擁し江戸、大坂、京都に次ぐ第四の都市になった時期もある。佐渡の金と銀の産出量はメキシコの鉱山都市グアナファトに匹敵し、世界の金と銀の市場を席巻した。この金と銀によって戦国武将はヨーロッパから鉄砲を買い入れ、徳川幕府は佐渡を直轄領にすることで長期支配を可能にした。明治維新後も、政府は世界の最新技術を駆使して金と銀の採掘を推進し、それによって得た外貨で日本の近代化を推し進めた。しかし、390年に及ぶ徹底した採掘でもはや佐渡に金銀の鉱脈はなく、1989年に鉱山が閉鎖して、島は経済的希望を失っている。

唯一の希望は「世界遺産」に認められて観光で経済を活性化することであるが、2007年に石見銀山が単独で「世界遺産」に登録されて以降、その可能性も厳しい。私はかつて二度、メキシコのグアナファトを訪問したが、植民地都市グアナファトが「高山の宝石」と呼ばれるほど17世紀の美しい都市の景観を維持し、自動車道路をすべて地下トンネルにして当時の大学、教会、劇場などの華麗な建築物をそっくり保存したのに対して、佐渡島は坑道や鉱山の跡地は痕跡として残しているものの、江戸幕府も明治政府も金と銀を徹底して収奪しただけで、島の人々には何一つ値打ちのあるものは残していない。17世紀に金銀で世界を席巻したこの二つの小都市の歴史の対比は、それ自体が興味深い。

河原田町に到着すると、佐渡市の教育長をはじめ、教育委員会の方々、小中学校の校長たちが私を歓迎して懇親会を準備していた。これらの方々はどなたも「学びの共同体」の学校改革に熱い関心を抱いておられ、なかには13年前から「学びの共同体」の学校改革に挑戦され、私に誘いの手紙を出された知本康悟校長も参加されていた。その熱意には恐縮するばかりである。しかし、佐渡市において「学びの共同体」の学校改革が根を張り始めたのは3年前、20年近く「新潟自分探しの会（代表・加納正紘元校長）」で共に研究してきた小林裕之さんが河原田小学校に教務主任として単身赴任してからである。河原田小学校の改革の事実が、島内の小中学校を動かしたのである。その動きを反映して、懇親会は盛り上がった。魚がうまいのは予想通りだったが、島の地酒である「金鶴」のうまさは驚きだった。沢根町で造られる「金鶴」は日本一の銘酒と言っても過言ではない。さっそく、この夜集った人々と「金鶴の会」を結成したほどである。

島の子どもと教師

翌朝、小林さんが勤務する河原田小学校（石見裕子校長）を訪問した。河原田小学校は全校児童163名であり、佐渡にある29の小学校の中では比較的大きな規模の学校である。教室を参観して最初に驚いたのは、子どもたちの素朴さと実直さである。暮らしが貧しく生活が楽ではない子どもたちも多いのだが、どの子どもも純朴であり笑顔が素敵である。

紙芝居を見る河原田小学校の子どもたち。

そして教師たちも真摯で実直な方々ばかりである。

河原田町は佐渡の中心部の商業の町であり、学校のすぐ近くには商店街があるのだが、その商店街はいわゆる「シャッター通り」になっていて、町の活気は感じられない。それどころか、佐渡の全域に言えることだが、高齢化が甚だしくて子どもの数は激減しており、少なからぬ家屋が雪に埋もれ、空き家の増加がうかがわれる。河原田小学校は、その町の中心にありながら、そこだけが別世界のように温かく潤っており、子どもたちはけなげに実直に学び、学校生活を楽しんでいる。河原田小学校がそうであるだけではない。島内の小学校のほぼすべてが同様の風景だという。

しかし、そのことは、子どもにとって教師にとって幸福なことだろうか。この日一日、私が考え込んだのは、このことである。一人ひとりが純朴で実直な関わりをつくりだしている子どもたちは、確かに、都市部の学校の子どものようにぴりぴりとし、ぎすぎすした人間関係でストレスを抱え込むことはないし、教師たちと子どもたちの和気藹々の日々は愉しい学校生活を過ごすには十分すぎる条件を備えている。教師たちにとっても同様である。佐渡の小学校につとめる限り、子どもと地域の方々に慕われ信頼される教師生活を満喫することも不可能ではない。

しかし、佐渡に限らず、島嶼部の学校で陥りがちな罠があることを忘れてはならないだろう。温かく優しい関係と素朴な実直さは、教師の授業改革と子どもの学びの向上の必要性を見えなくしてしまう危険がある。実際、佐渡市の小中学校の学力は全国平均との比較においても新潟県平均と比較しても低位にある。教師にとっても同様の危機は存在する。佐渡の小学校で長年つとめると、佐渡の学校でしか働けなくなる危険性がある。それでは、たとえ学校で目立った問題は起こらなくても、教師たちは子どもと地域の未来を開くミッションを果たしているとは言いがたい。

その危険性はすでに現れているという。近年、小学校において従順な子どもが中学校に進学すると急に荒れ出したり、低学力に苦しむ生徒たちが増えているという。これらは、子どもたちと地域の方々の素朴さ、純朴さ、実直さに学校と教師が甘えてしまった結果と言えないだろうか。そこに島嶼部の学校教育の都市部とは異なる困難がある。

改革の始まり

この日、河原田小学校の公開研究会には、島内80名、島外（佐渡の人は「越後の人」と呼ぶ）から約10名の教師たちが参加し、私を含むすべての参加者が河原田小学校の授業改革の前進に深い感銘を受けた。どの教室の授業も教師たちが細やかに柔らかく接しており、どの授業においても「ジャンプの課題」が設定されて学びの質の向上がはかられ、どの教室でも子どもたちが相互にケアし合って夢中になって学んでいる。いったい、なぜ、これほどの改革が進展したのだろうか。

河原田小学校の「学びの共同体」の授業改革は、小林裕之さんが教務主任として着任した3年前に石見裕子校長と協同で開始され、新潟大学教育学部附属小学校で何年か研究主任をつとめた平山誠さんが教頭として着任した1年前から加速度的に進展した。石見校長と平山教頭と小林教務主任と中川絵里子研究主任のチームワークによるリーダーシップと同校の教師たち全員の同僚性が生み出した見事な成果であった。私自身、この4人の協力関係から多くのことを学ぶことができた。

この日の公開研究会において中川さんは自ら率先して「箱の形」(2年算数)の提案授業を行って、子ども一人ひとりのつぶやきをつぶさに聴きながら、小グループの学び合いを高めてゆく授業の典型的な実践を提示した。そして平山さんは、その教室の出来事を何十枚もの写真で記録し、その写真記録を提示しながら、この授業における子ども一人ひとりの学びと学び合いの事実を詳細に分析し解説して、同校の授業研究のすごさを参観者に示した。平山さんのコメントは完璧であり、私は何一つ付け加える必要を感じなかった。この一つを見るだけでも、同校の授業改革のレベルの高さを認識することができる。事実、河原田小学校の子どもたちの学力は2年間で飛躍的に上昇し、県平均も全国平均も大きく凌駕している。

河原田小学校に限らず、最近、多くの学校において2年ほどの短期間で、子どもの学びの質を一気に高め、教師たちの授業の質も一気に高めている学校が増えている。たとえば、青森県階上町の階上中学校、埼玉県新座市の野寺小学校、千葉県八千代市の睦中学校、茨城県石岡市の城南中学校、神奈川県相模原市の相模丘中学校、福岡県八女市の岡山小学校などである。どの学校においても、決定的な鍵となっているのは、校長の明確な改革のヴィジョンと教師たちの授業実践を学び合う専門家共同体(professional learning community）の形成である。

3月2日の夜、河原田小学校での公開研究会の一日を終え、再び両津港からフェリーに乗って翌日から始まる「新潟自分探しの会」の合宿研究会へと向かった。金曜日の夜のフェリーである。船には小林さんや平山さんをはじめ、昨晩から今日にかけて出会った数多くの教師や教育委員会の方々が同乗していた。どなたも単身赴任で佐渡の教育を支えている方々である。そして佐渡から合宿研究会に参加する教師たちも同乗していた。

翌日の合宿研究会における授業協議会も密度の濃い内容であった。新潟県の「学びの共同体」の拠点校である五泉市立村松小学校の授業は安定していたし、弥彦村立弥彦小学校の挑戦、困難校から見事に脱し飛躍的な学力向上を達成した新発田市立猿橋中学校の実践は感動的であった。新潟県の教師の専門家共同体は、地域と学校の希望を育てている。

学校改革の再出発としての4月

改革が持続すること

学校改革は「始まりの永久革命」である。たとえ改革を何年も持続している学校であっても、4月は始まりの原点にもどって再出発を余儀なくされる。人事異動がある日本の学校では、この再出発は避けられない。しかし、たとえ人事異動がなくとも、学校の改革は、年度の更新に際して絶えず再出発すべきなのだろう。学校改革は5年も10年も必要とする「長い革命」である。一般に学校改革は毎年積み上げる段階的なイメージで語られがちだが、現実には、段階的なイメージで構想された改革が成功することは稀である。むしろ絶えず出発点に立ち戻り「始まりの永久革命」を行う螺旋型の進展をイメージすることなしには、学校改革は成功しない。このことは、学校改革が、全体的で構造的な改革によってでしか実現していないことを意味している。

「学びの共同体」の改革が各地の学校で取り組まれるようになって約15年が経過した。当初は、毎年4月が来るのが疎ましかった。せっかく軌道に乗り始めた学校づくりが、校長が代わり教師が代わることによって停滞し中断することも多かったからである。一般に校長は前の校長の仕事を継承するのを嫌がる傾向にある。その気持ちを理解できないわけではない。教育への高い意志と強い情熱を抱いている校長であれば、自らの個性的な理念と方式で学校の運営をリードしたいのは当然であろう。しかし、「学びの共同体」の学校づくりは全体的アプローチである。その中核を担う校長が方針を転換すれば、たちまちそれまでの改革は崩壊してしまう危機にさらされる。

ところが、10年ほど前から、4月に校長や教師の異動があっても「学びの共同体」の学校改革が停滞し中断する学校はほとんどなくなった。ごく稀なケースとして、改革の中断を余儀なくされた学校もないわけではないが、ほとんどの学校が校長が代わろうと教師が異動しようと改革を持続させることができるようになった。「持続可能な（sustainable）改革」が実現しているのである。なぜだろうか。

その理由はいくつもあるが、第一は、子どもたち（生徒たち）が「学びの共同体」において学びの作法を身につけ、授業改革を中心になって支えてくれていることである。どの学校でも、子どもたち（生徒たち）は「学びの共同体」の最大の理解者であり推進者である。このことの意味は大きい。第二は、年々、「学びの共同体」の学校づくりと授業の改革が、より多くの校長や教師に理解され評価されてきたことがある。この変化は、現在、全国各地に存在する約３００校のパイロット・スクールの公開研究会によるところが大きい。すべての教室を公開し、一つの提案授業をめぐって行われる授業協議会によって、参観者は「学びの共同体」の学校づくりと授業改革を事実によって認識することができる。まさに百聞は一見にしかずである。

第三は、「学びの共同体」の学校改革が、内からの改革と外からの支援を結合し、下

提案授業「鉄砲伝来」を学ぶ生徒たち。

からの改革と上からの改革を結合しているところにある。学校は内側からしか改革できないが、その改革が持続するためには外からの支援が必要である。この考え方によって、「学びの共同体」の学校改革は、現在、ほとんどの学校において市町村の教育委員会および教育長の理解と協力を獲得している。そして第四に「学びの共同体」の学校改革は地域の保護者や市民の参加と協力によって支えられ、地域との信頼関係を形成している。これらすべてが、「始まりの永久革命」を実現している。

改革が根ざすことと広がること

4月19日、静岡県富士市立富士中学校（稲葉義治校長、生徒数約650人）を訪問した。もともと前年度の2月に訪問する予定であったが、私が帯状疱疹で緊急入院したため、新年度の開始当初の訪問となった。富士市への学校訪問は、15年前の広見小学校から始まり、岳陽中学校、元吉原中学校、田子浦中学校へと続くが、富士中学校への訪問は初めてである。とはいえ、富士中学校の名前と評判は10年以上前から知っていた。富士市の旧市街の中心に位置する同校は、市内の16の中学校の中で最も学力が高い名門の学校として知られてきた。かつて、「学びの共同体」の中学校の改革において全国の先陣を切った岳陽中学校を訪問して、市内で最も困難と言われた同校が「奇跡」とも呼べる改革で飛躍的に学力を向上させたときも、この富士中学校を追い抜くことはできなかった。

しかし、その後、校区の地域の変化もあり、富士中学校も困難を抱え込み、数年前は生徒の問題行動も多発したという。それに呼応して学力レベルも低迷し、「学びの共同体」に積極的に取り組んできた元吉原中学校と田子浦中学校が、富士中学校と肩を並べてトップの位置を占めるようになっていた。稲葉校長は、佐藤雅彰校長が岳陽中学校の改革を推進したときの教頭であり、その後、元吉原中学校の校長として学校改革を実現し、田子浦中学校においても校長として改革を成功させている。そして、昨年から富士中学校の校長として転勤し改革に着手している。

稲葉校長は「定年まで2年しか勤められないことから、初年度は自分の中に焦りがあった」と率直に反省を語った。この反省は痛いほどわかる。学校の改革は緩やかに進めば緩やかに進むほどよい。学校の改革は、制度や機構の改革である以上に文化と実践の改革であり、手間暇と時間をたっぷりかける必要がある。しかし、日本の学校では通常3年で校長は異動する。それを考慮すれば、まずは3年以内に改革を成就させなければならない。改革を成就させるだけではなく、その後も持続し発展するための基盤をつくりだしておく必要がある。これは並大抵のことではない。それを2年で行うのである。これまでも「定年まで2年」で転勤し改革に着手した校長を数多く知っているが、どの校長も1年目を終えた反省として「焦りがあった」と異口同音に語っていた。稲葉さんほどの改革の豊富な経験を積んだ校長でもそうなのである。

富士市の中学校全体の変化は緩やかに進行している。13年前に岳陽中学校において始まった「学びの共同体」の学校改革と授業改革は、緩やかに市内全域に拡大し、今では七つの中学校で校長が推進し、それ以外の学校にも普及して、この改革がまったく及んでいない学校は2校だけになっている。このような緩やかな改革は何よりも貴重である。教育委員会がトップダウンで急激な改革を求めるよりも、むしろ自然に緩やかに根をはってゆく改革の方が、学校改革においてはより質の高い成果を生み出す。その意味で、校長と教師の異動によって市町村全体の教育を活性化する日本の教育人事は有効な政策である。

改革の再出発

富士中学校の校舎は、バブル期に建設された学校だけに立派な校舎である。この校舎でも生徒が数年前には荒れたというのが信じがたいほどである。さっそく各教室を訪問した。すべての教室を参観した第一印象は、どの教室においても教師の言葉や身振りが柔らかく、生徒たちも学び合いを体得していて、どの生徒も安心して真摯に学んでいることである。これが改革を始めて1年の学校とは思えないほど、年度初めの順調なスタートである。難点をあげるとすれば、3年生の教室にやや硬さが見られることである。しかし、2年の生徒たちは心身ともに解放されており、自然体でのびのびと学んでいるし、男女ともに生徒同士の関係が素敵である。特に、女子の生徒たちが積極的で明るいのが頼もしい。（中学校で女子生徒の関係がよく積極的なのは決定的に重要である。）1年生も、まだ授業が始まってから1週間しか経ていないのにもかかわらず、少人数グループの学び合いにすっと溶け込んでいて、ジャンプの課題にも夢中になって挑戦している。同校は二つの小学校から生徒を引き受けているが、この1年生たちは小学校においても学び合いの授業を体験してきている。それだけに富士中学校の「学びの共同体」への適応もスムーズである。

3年生の教室で微妙に感じた「硬さ」はいったい何なのだろう。子細に観察してみると、わからない生徒たちが黙々とノートをとっているのが気にかかる。どの生徒も熱心に授業に参加しているように見えるのだが、一言で言えば「まじめ」なのである。そこが困難なところである。「まじめ」な生徒たちは伸び悩んでしまう。「まじめに学ぶ」生徒ではなく「夢中になって学ぶ」生徒を育てなければならない。黙々とノートをとる生徒ではなく、「わからない」とはっきりと表現し「ねえ、ここどうするの？」ときける生徒たちを育てなければならない。

この日は、教職2年目の上山友来さんが2年生の教室で社会「鉄砲伝来」の授業を行った。教室には実物の火縄銃が持ち込まれ、長篠の戦いの絵を見て信長が勝利した理由を考え、ジャンプの課題として織田信長と武田信玄の「国づくり」の違いの比較が問いとして提示された。この2年生の教室でも、つぶさに観察すると、授業の前半では3年生で感じた「まじめさ」が見られ、資料へと目を向けるのではなく、黙々とノートをとる生徒が気にかかる。しかし、ジャンプの課題では、どの生徒も夢中になって資料を詳細に読み取り、それぞれの意見を活発に交流していた。上山さんも2年目とは思えない成長ぶりである。

富士中学校も「始まりの永久革命」の再出発を開始した。ぜひ、年度末にも同校を訪問し、この1年の進展から学びたいと思う。丁寧な再出発が1年後を約束している。

穏やかで柔らかに学び合う生徒たち

大都市の小さな学校

今年（２０１２年）も１００校近くの学校を訪問した。毎年千校近くの学校から依頼があるが、訪問できるのは約１割、国内80校程度と海外20校程度である。そのうち３割程度は新しい学校を訪問するよう心がけてきた。私自身の視野を広くし新境地を開拓したいからである。

年末の12月13日、東京都杉並区の大宮中学校を訪問した。同校の訪問は初めてである。東京23区と大阪市内は学校の改革と授業の改革が最も困難な地域である。どの先進諸国にも共通しているが、大都市の教育は困難を極めている。子どもが発達する文化、経済、社会環境が劣化しているし、現代的な教育問題が集約して現れ、地域の共同体は崩壊し、教師は疲労困憊していて授業の質は低い。大都市の学校で何よりも困難に感じるのは、同僚性の構築が難しいことである。教師たちは孤立するか、数人の小グループに徒党化しており、声の大きな一部の教師だけで学校が運営され、校内研修は形式化し形骸化している。それに加えて保護者も孤立するか、いくつもの小グループに徒党化しており、地域と学校との信頼関係も崩壊している。そうなると、一人残らず子どもの学ぶ権利を実現し質の高い学びを求めて、教師も子どもも保護者も一人ひとりが「主人公」となって民主的連帯を形成する「学びの共同体」づくりは困難を極める。しかも保守的な首長による数値目標至上の官僚的統制と競争原理による教育行政がいっそう困難な状況をつくりだしている。

その困難な杉並区において大宮中学校では、橋本剛校長と酒井佳子副校長のリーダーシップによって今年10月から「学びの共同体」の学校改革が本格的に着手された。14年間の石原都政のもとで意気消沈してきた東京都の教師たちだが、ひとたび改革の希望が生まれると持ち前の誠実さを発揮するのが東京都の教師たちの特徴でもある。その兆しを感じて同校の依頼を快諾した。

大宮中学校は、かつては５００人を超えていたが、生徒数は減少して現在１４４名、小規模の中学校である。二つの小学校から進学してくるが、小学校卒業者の約３割が私立の中高一貫校へと進学し、約２割が他の公立中学校を選択する。したがって同校に進学してくるのは校区の約半数の子どもたちである。同校では「一人ひとりを大切にする教育」を10年ほど前から実施してきた伝統がある。「学びの共同体」の学校改革は、その伝統からいって必然的であった。しかし小規模校の困難もある。その一つは非常勤と臨時採用の講師の比率が高いことである。小規模のために専任教師は減らされて15人、非常勤と臨時採用の講師が10人である。この条件を抱えて「学びの共同体」の改革が本格化した。

学び合う関わり

午前は2時間、すべての教室の授業を参観した。非常勤講師一人の授業を除いて、すべての教室においてコの字型に机が配置され、男女混合4人の小グループによる「共有の学び」（教科書レベル）と「ジャンプの学び」（教科書以上のレベル）の学び合いが組織されていた。この条件によって、どの教室でも一人残らず生徒が学びに参加している。

第一印象として特に感銘を受けたのは、まだ改革に着手して3か月しか経ていないのに、どの教室も穏やかで柔らかな学び合いが成立していたことである。どの学校を訪問しても思うことだが、「学びの共同体」への生徒たちの適応は早いし、生徒たちの成長は教師たちの成長よりも早い。大宮中学校においては、長年にわたる「一人ひとりを大切にする教

最初に正解に達したＩさんとそのグループ。

育」の伝統を基盤として、生徒たちは「学びの共同体」の学び合いを積極的に受け入れていた。上出来である。

「23区病」と私は呼んでいるのだが、都内の小中学校の子どもたちの多くは人間関係がささくれだっており、男の子は幼稚でささいなことで攻撃し傷つけ合い、女の子は妙に大人びて数人ごとに分裂し神経をすりへらしている。その「23区病」が、大宮中学校においてはほとんど感じられないのが素晴らしい。2年生の一部の女子に関係の難しさが見られたものの、どの教室でも生徒たちの学び合いは穏やかで柔らかく、しっとりとした温かみの感じられる教室であった。たった3か月でこれだけの教室の関係を築ける生徒たちの素晴らしさに感動した。

授業の改革は単純化して言えば、二つのことに尽きる。一つは「誰もが安心して学べる教室の関係を築くこと」であり、もう一つは「一人残らず夢中になって学べる授業を創造すること」である。「誰もが安心して学べる教室の関係を築くこと」は、わからないときにわからないと仲間に聞ける生徒に育つことと聴き合う関係による協同学習を実現することによって実現する。他方、「一人残らず夢中になって学べる授業を創造すること」は、聴き合う関係を基盤とする小グループの学び合いによって、「ジャンプのある学びの課題」を組織し、教科の本質に沿った「真正の学び（authentic learning）」を実現することによって達成される。午前中の授業を参観する限り、大宮中学校においては、改革を開始してわずか3か月ではあるが、前者の改革課題について着々と前進しているように思われた。どの学年にもその成果が見られたが、特に1年生は素晴らしい。では、後者の改革課題については、どうであったか。

学び合いの力

午後は、深谷一郎先生が1年A組で数学「面積を求める」の提案授業を行った。15人

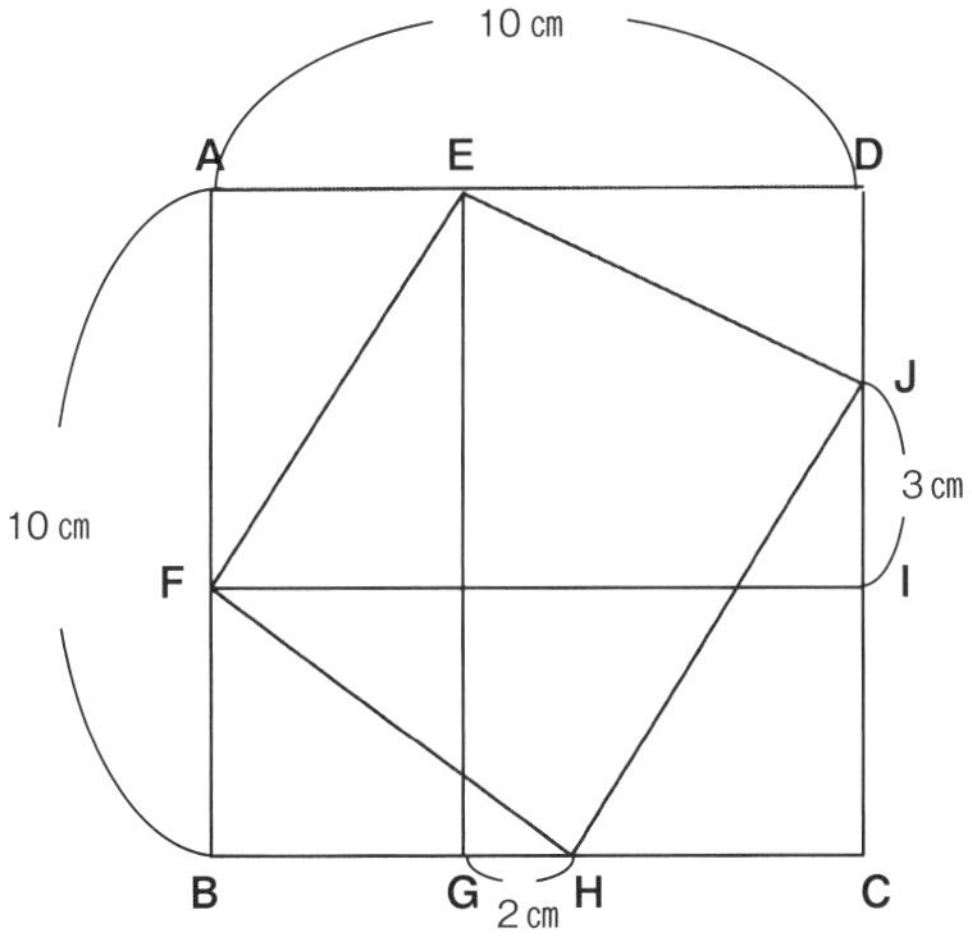

の教室で四つの班による学び合いの授業である。深谷先生は、この授業において二つの課題を準備した。一つ目の〈共有の課題〉は上の図で示した問題であり、〈ジャンプの課題〉は、この考えを円に拡張した高度の問題である。結果的には、〈共有の課題〉だけで1時間を費やすことになったが、この問題はそれ自体が〈ジャンプ〉とも言える高いレベルの問題である。

【問題】

上の図で四角形ABCDは一辺が10㎝の正方形である。直線EGとFIは直交し、GH＝2㎝、IJ＝3㎝である。このとき、四角形EFHJの面積を求めよ。

（読者の方々も挑戦してみてほしい。）

問題は高濱正伸著『算数脳トレーニング』（朝日新書、２１７ページ）より引用。

深谷先生は問題を提示した後、最初に「自力解決」として5分間個人で考えさせた後、それぞれのグループの学び合いへとつなげた。どの授業についても言えることだが、「自力解決」は無駄であるし逆効果であると思う。わかる生徒は10秒で正解を求め、わからない生徒は5分たっても固まったまま意気消沈してしまう。一人では学びは成立しようがないのである。学びは他者を必要としコミュニケーションを必要としている。

この授業でもそうだった。数人の生徒は補助線を引いて試行錯誤を繰り返していたが、ほとんどの生徒はじっと鉛筆を握ったまま5分間固まっていた。しかし、グループの学び合いに入ったとたん、どの生徒も顔に生気が蘇り、活発に学び始めた。生徒たちは学び合いが大好きで、どの生徒も最後まで夢中になってこの難問と格闘した。

結果は4グループ15人の生徒のうち、２グループ7人の生徒たちが正解に達した。上出来である。グループごとの特徴が私には興味深かった。最初に達成したグループは、当初は最も遅れてスタートしたが、しっかりと聴き合う関係ができており、一つひとつの気づきの共有が卓越していて、それが成功の基盤となった。次に達成したグループは、一人の生徒がわずか3分で解決直前まで達していながら、聴き合う関係ではなく話し合う関係であったため学びが分散し混乱して解決が遅れたが、最終的に達成した。

解決にいたらなかった二つのグループは、解決したグループより学力の高い生徒が多かったのだが、小グループになってもそれぞれ「自力解決」のときの自分の解き方に固執していた。一つのグループでは黙々と個人学習の延長となった。もう一つはそれぞれの発表の交流に終始してしまった。数学的思考の特質は多様な考えの総合ではなく、ある一つの考えへの抽象（限定）にある。それがこの二つのグループでは実現しなかった。聴き合う関係の大切さを再認識させられた学びの風景であった。

大宮中学校にもう一つ期待できることがある。杉並区は区内4校に特別支援学級を設置しているが、大宮中学校もその一つで19名の生徒たちが特別支援学級で学んでいる。「学びの共同体」の授業改革は、特別支援を必要とする子どもたちの協同的学びにおいて、これまでも特筆すべき成果をあげてきた。同校の「学びの共同体」の改革が、この点でどのような実践を創造するのか。これも期待したい事柄の一つである。

始動する高校の授業改革

高校の授業改革

２０１２年４月、５月、６月の３か月間、四つの高校を訪問し授業の改革に協力した。神奈川県立大楠高校、静岡県立川根高校、滋賀県立彦根西高校、そして静岡県立沼津城北高校の４校である。６月末には広島県立安西高校を訪問する予定だから、この３か月に５校の高校を訪問して授業改革に挑戦することとなる。これら５校のうち、大楠高校を除く４校はすでに３年以上「学びの共同体」に挑戦してきたパイロット・スクールの高校であり、大楠高校は昨年度から「学びの共同体」に挑戦し始めた高校である。

近年、高校の授業改革が、どの学校においても重要課題になっている。私のところに授業改革の協力を要請する高校の数は毎年１００校近くに達している。そのうち１割の学校にしか行けないのが残念であるが、この事実だけでも高校の授業改革のうねりを感じ取っていただけるだろう。小中学校が市町村立であるのに対して、高校は都道府県立であるが、各都道府県においても「協同的学びの推進」をはじめ、授業の改革と教師の研修が政策課題となってきた。文部科学省においても、長年、高校は所轄が都道府県教育委員会であることから学習指導要領を作成する以上のことは行ってこなかったが、昨年来、中央教育審議会において高校改革を教育改革の重点課題として審議を重ねている。やっとという思いが強いが、文部科学省も都道府県教育委員会も高校の授業の改革に本腰を入れて取り組み始めた。

その背景に高校の授業の崩壊という深刻な事態がある。一般に授業の崩壊というと、いわゆる底辺校の授業の崩壊がイメージされるが、底辺校の授業の崩壊も深刻であるが、それ以上に深刻なのが進学校の授業の崩壊である。ほとんどの進学校の教室では、授業にまじめに参加している生徒は数人であり、多数が「内職」に夢中で、机に突っ伏して寝ている生徒も続出している。東京大学に入学してくる学生に尋ねると、どの高校も同様であり、進学校で生徒をまじめに授業に参加させている教師は、各高校で「3、4人程度」であるという。その「3、4人」の教師は、すべて「大学教授に匹敵するだけの教科の教養を備えた教師」というのも興味深い。

一方、いわゆる「底辺校」の授業の崩壊も深刻である。机に突っ伏している生徒、おしゃべりが止まらない生徒、ただ授業に参加しているだけの生徒の姿は痛々しい。近年、もう一つの教室の風景が「底辺校」で広がっている。誰も机に突っ伏してはいないし、おしゃべりもしていないし携帯も見ていないが、すべての生徒が黙々と黒板をノートに写している「オートスキャナー」の教室である。教師が赤いチョークを使うと、さっと赤いボールペンでノートをとる。まるでロボットのような生徒たちである。「底辺校」では、こういう教室が増えてきた。そして、これまでの机に突っ伏すかおしゃべりが続く教室と、「オートスキャナー」の教室は、いずれも同じ結果に結びつく。深刻な低学力と半数近くの退学である。

中間レベルの高校では深刻な授業崩壊はまだ起こってはいない。しかし、学びの崩壊は深刻である。中間レベルの高校では、前世紀の遺物とも言える一斉授業が再生産されている。まるで予備校のような高校の授業風景である。私が高校生であった45年前と何も変わらない授業風景が今も続いている。その結果、ほとんどの中間レベルの高校は、学年を追うごとに生徒の学力を低下させている。この傾向は「中の上」のレベルの高校において著しい。2年生の段階で「中の上」のレベルの高校の大半は学力を「中」レベルへと転落させている。「底辺校」は落ちこぼれの生徒の大量の退学によって学力を向上させているので、トップレベルの高校を除いてほとんどの高校が横並びになっているのが、今日の高校の現状である。

もしPISAが高校で実施されたら、おそるべき結果になるだろう。世界の高校生の一日の校外の学習時間の平均は3時間以上であるが、日本の高校生は4割が校外の学習時間がゼロであり、1か月の読書冊数もゼロである。先進諸国の高校で一斉授業は姿を消して「協同的学び」を中心とする授業へと転換しているが、日本では今なお化石のような一斉授業が大半を占めている。事実、いくつかの国際調査によれば、日本の高校は「協同的学び」の導入においても、校内の授業研究の回数においても世界最低である。さらに言えば、先進諸国の高校教師の教育歴は修士号取得者が標準になっているが、日本の高校教師の修士号取得者は10%でしかない。さらに近年は非常勤講師に依存する高校も多い。一教室あたりの生徒数も、先進諸国の高校では20人以下が標準であるのに対して、日本の高校は40人であり、私立高校では50人の学校も多い。どの指標をとってみても、日本の高校生の学びの「質」は、国際的に見て最低レベルにある。高校の授業の崩壊は必然的である。文部科学省、中央教育審議会、都道府県教育委員会における対応は、あまりに遅すぎた対応であるが、ここで高校改革に失敗すると、もはや日本社会に未来はない。

教師たちの挑戦

私の知る限り、高校の教師たちの大多数は、この絶望的な現実を直視しており、日々、この危機を打開する道を模索している。改革のヴィジョンと哲学が準備されれば、改革は一挙に加速するだろう。そのことは、これまで「学びの共同体」に参画してきた高校の実践が証明している。欧米諸国を見ても、アジア諸国を見ても、いくつかの例外を除けば、「協同的学び」によって一斉授業から脱皮する授業の改革は、どの国においてもまず高校で改革が始動し、その改革が中学校に波及し、小学校へと波及する展開を遂げている。一見すると、日本では逆の展開を遂げているように見えるが、近い将来、日本においても高校の授業改革が先導的に小学校、中学校の授業改革を促進する事態が生まれる可能性も見ておく必要がある。それほどまでに、いずれの高校も前述したように様態は異にしているが、授業と学びの崩壊は深刻をきわめている。

高校の授業改革において、「学びの共同体」のパイロット・スクールへの期待は大きい。特に、広島県立安西高校と東京大学教育学部附属中等学校の授業改革は、全国の高校の授業改革において先導的役割をはたしてきた。安西高校は、かつては入学者の半数以上の

200名近くが退学し存続が危ぶまれる困難校だったが、「学びの共同体」の授業改革により退学者は1桁台まで激減し大学進学率も急増して、3年後には県立高校最高の入試倍率を達成し、現在は一学年5学級編成から7学級編成へと発展している。また、東京大学教育学部附属中等学校の「学びの共同体」の授業改革は、進学実績の飛躍的な向上の実績も相まって、毎年の公開研究会を通じて全国の高校教師に授業改革のヴィジョンを提供する役割をはたしてきた。

「学びの共同体」が高校を変える

現在、どれほどの高校が「学びの共同体」の授業改革に挑戦しているのだろうか。その実数は誰も掌握していない。私の知る限りでは、全国の約200校の高校がこの改革に挑戦していると思われるのだが、実際には、その数倍の数の高校が挑戦を開始していると推定される。というのは、全国各地の中学校の公開研究会に参加すると、あちこちの高校の参加者から「私の高校でも◯◯から『学びの共同体』の挑戦に取り組んで成果をあげています」という声をかけられる。それらの高校の大半は、これまで「学びの共同体研究会」に連絡がなかった高校である。高校の多くは、小学校や中学校とは異なり、それぞれ自前

沼津城北高校の学びの風景。

で改革を進めている。いかにも高校らしい展開であるが、それだけに一時的なブームになったり、あるいは単独で頓挫するケースも多いのではないかと危惧される。今後、これら雨後の筍のように勃発している高校の授業改革をどのようにしてネットワークでつなぎ支援していくかが、私たちの大きな課題になっている。

さて、5月、6月に訪問した川根高校、彦根西高校、沼津城北高校は、いずれも3年以上の改革の積み上げがあるだけに、どの高校も「協同的学び」を中心とする授業を洗練させ、授業研究における学びのデザインとリフレクションにおいても質の高い実践を実現させていた。やはり「継続は力なり」である。

川根高校は、三島駅から車で40分、金谷駅から片道1500円以上の運賃で電車に乗って45分という山間にある高校である。高級茶「川根茶」で知られる地域だが、高校の存亡が地域の将来を決定している。その川根高校において「学びの共同体」の授業改革はみごとに実を結び、学力の回復と進学実績の向上を達成していた。当日は、3年生の英語の提案授業が行われたが、男女の協同の素晴らしさと真摯に学ぶ高校生の姿は参観者の感動を呼んだ。彦根西高校の授業改革の実績も素晴らしい。提案授業では、ベテランの片山先生が3年生の古文の授業で「協同的学び」に挑戦したのだが、その学び合いは一人残らずジャンプに挑戦する素晴らしい展開であった。

また沼津城北高校においても今年は飛躍の一年になることを予感させる公開研究会であった。特に1年生と2年生の協同の学び合いは素敵である。これらパイロット・スクールが日本の高校の未来を準備している。

燃える沖縄の学校改革

沖縄本島北部（やんばる）へ

那覇空港に降り立つと、梅雨明けの青空がどこまでも透明である。車で1時間、沖縄本島北部の国頭《くにがみ》村と名護市を訪問した。車道には赤や黄のハイビスカスの花が鮮やかだ。

国頭村には中学校が1校、小学校が7校ある。そのすべての学校において、昨年（2012年）から「学びの共同体」の学校改革が着手された。同じ「やんばる」の名護市と沖縄南部の糸満市と宮古島においても改革ののろしがあがっており、今回の沖縄訪問はくすぶり続けてきた学校改革の火が一挙に炎となって燃え上がる「歴史的事件」となった。

名護市以北の国頭地域は、八重山地域と並んで沖縄県で最も学力が低い地域である。日本全体の学力マップにおいて最底辺の地域と言ってもよい。その国頭地域において「学びの共同体」の改革が始まったのは2年前（2011年）、国頭村教育委員会の神元勉課長と宮城尚志主事が広島市立祇園東中学校の公開研究会に参加し、その後、伊東市で行われた「学びの共同体」の合宿研究会にも二人が参加したことを契機としている。神元課長は、翌年、国頭中学校の校長となって学校づくりに着手し、宮城主事は「学びの共同体」関連の本を熟読した後、村内すべての学校と教室を訪問して、教師たちの授業改革を支援してきた。この動きは小橋川春武教育長の積極的な支援と村議会の財政援助によって加速し、今年1月には村校長会で富士市の丘小学校と田子浦中学校を訪問、5月には福岡県八女市立岡山小学校の公開研究会に16名の教師を派遣する事業へと展開する。

他方、名護市では、数年来、教育委員会の指導員の岸本琴恵さんと東江《あがりえ》中学校教頭（当時）の島袋賢雄さんが何度も本土の「学びの共同体」の研究会に参加して導入をはかり、同校の劇的な改善を達成しつつあった。しかも名護市の座間味法子教育長は、創設当初と近年の2回にわたって茅ヶ崎市浜之郷小学校を訪問した経験をもち、「学びの共同体」の導入に積極的である。

これら一連の動きによって、国頭村教育委員会と名護市教育委員会の連携が成立し、私の招聘と国頭中学校と東江中学校の2校における公開研究会が実現したのである。なお、この二つの公開研究会には、国頭村の全教師および名護市の多数の教師が参加したほか、宮古島、糸満市など沖縄全域から多数の教師が参加した。まさに「歴史的事件」と言うべき灼熱の3日間となった。

訪問の初日、空港から直接、国頭村の奥間小学校と辺土名小学校の2校と教育委員会を訪問し、夜は夕食を囲んで小橋川教育長、金城村議会議長、宮城主事、および神元校長をはじめとするすべての小中学校長と、熱く語り合った。私が最も驚いたのは、小中学校8校の学校改革と授業改革がわずか1年足らずで一挙に進展し、しかも見聞した限りにおいて着実な展開を遂げていたことである。沖縄の教師の改革にかける熱意とエネルギーは、本土の教師を凌駕している。この改革の熱気に包まれ、小橋川教育長から贈られたデイゴの花をあしらったデザインのかりゆしウェアを着て泡盛に舌鼓を打つと、私自身も沖縄の唄を歌い、たった一日で沖縄の同志になっていた。

燃える改革の息吹

7月6日、国頭中学校の公開研究会に参加した。同校は全校生徒148人、数年前まで宮城主事は毎日のように児童相談所と警察署を訪問しなければならないほど、生徒たちが荒れていたという。かつて同校で荒れの解決に奮闘した小橋川教育長の話を聞くと、同校

オスプレイ配備について学ぶ国頭中学校社会科の授業。

の荒れと県内最低と言われる低学力は宿命とさえ思われる。その国頭中学校に神元校長が「学びの共同体」を導入したのが、ちょうど1年前である。その1年間で学校は驚くほど変容した。今年度に入って不登校はゼロ、問題行動もゼロである。低学力の解決はまだ途上だが、それでもほぼ県平均の水準まで向上した。

この変化は地域の人々、特に議員たちを驚かせた。小橋川教育長は、村議会で「学びの共同体の説明」を求められたと目を細めて語る。村議会は教師の研修費を大幅に増額し、すべての小中学校で「学びの共同体」の実践を支援することになった。この日も、国頭村のすべての教師、名護市、宮古島、東村、宜野座村、今帰仁《なきじ》村など、やんばるのすべての市町村から約250名の教師と教育委員会関係者が公開研究会に参加した。

どの教室を見ても、生徒が一人残らず授業に参加しているし、何より生徒の表情が明るく、細やかな感情が温かい雰囲気を教室に生み出している。教師たちの声が柔らかく、テンションを下げ選ばれた言葉で語られているので、生徒たちが安心して学び合える教室が実現している。たった1年間で、ここまで授業を改革できたのは驚異である。もう同校が荒れることはないだろうし、低学力に苦しむこともないだろうと確信した。

提案授業としては、當真克亨先生が3年生の教室で「二次方程式」の提案授業を行った。當真先生の授業のデザインと生徒とのコミュニケーションは秀逸であったが、「共有の課題」（教科書レベル）の小グループの協同的学びにおいて生徒たちが思わぬつまずきを繰り返し、その対応に追われて「ジャンプの課題」には十分な時間を保障できなかった。この提案授業とそれに引き続く授業協議会は、国頭中学校の改革において、これから何が必要なのかを明確に示すものとして有意義であった。

これから取り組むべき課題の一つとして指摘されたのは、3年の教室の授業で観察されたことであるが、生徒たちは2年の途中から「学びの共同体」を経験したこともあって、わからない子どもが黙ったまま学び合いに参加していたことである。この問題は沖縄の風土にも関連している。沖縄の人々は共同体の意識が強く、対人関係が温かい。その温かさと優しさに包まれていると、たとえわからなくても、すべてが許されてしまう。そこにわからない子どもが大量に生み出されてしまう罠がある。これをどう解決していくのか。

もう一つの課題は、低学力の生徒が多いだけに、どうしても教師の設定する学びのレベルが低くなりがちであり、「共有の学び」に時間をかけすぎて「ジャンプの学び」がなおざりになることである。総じて同校の「ジャンプの学び」のレベルは低すぎるし、十分な時間を保障されていない。

しかし、これらの課題についても国頭村の小中学校の教師たちは、来年までには一挙に克服してしまうだろう。学力の飛躍的向上のドラマが、その過程で準備されるに違いない。

改革の展望と希望

翌7月7日、名護市の東江中学校の公開研究会に参加した。同校は3年前から島袋前教頭（現在羽地中学校長）が教育委員会の岸本琴恵さんの協力によって「学びの共同体」を導入し、数学と社会科を中心に漸進的に改革を進めてきた学校である。この4月からはすべての教室で「学びの共同体」を導入し、その改革を今年度から比嘉明雄現校長が継承した。そして、この日も名護市内はもちろん、県内全域から250名を超える参加者が公開研究会に参加した。

同校は市内で最も困難な学校と言われてきたが、「学びの共同体」の導入によって数年前から劇的な変化を遂げてきた。数年前には38名であった不登校の生徒数は現在は1名、問題行動の事故件数は年間14件からゼロへと改善された。まだ学校ぐるみの改革は4か月ということもあって、遅刻者数などにおいては改善されていないし、深刻な低学力の問題も改善されてはいないが、わずか4か月とは思えないほど、どの教室においても生徒が学びに参加している。生徒の表情が明るく柔らかいのが素晴らしい。

提案授業では、1年生の教室で比嘉智広先生が「文字式の導入」の授業を公開した。これまで数え切れないほどの「文字式の導入」の授業を参観してきたが、比嘉先生の「ジャンプの学び」の挑戦は、どの授業よりも高度であり、生徒たちの学びはスリリングであった。欲を言えば「共有の学び」を一つのステージとして大事にしていただきたかったが、それにしても比嘉先生は、この生徒たちが質の高い学びにどれほど挑戦できるかを教室の事実で示してくれた。その事実に私も参加者とともに感動した。わずか4か月の改革によってここまで変わりうるのかと、東江中学校においても前日の国頭中学校に引き続いて感嘆しっぱなしの一日であった。

那覇空港に向かう車の中で、改めて沖縄に潜在している学校改革の炎について思いをめぐらした。国頭中学校の公開授業では、ちょうど県議会が一致して「オスプレイ配備反対」の集会を県民に呼びかけた直後であった。この動きを受けて、同校の社会科ではその新聞記事を教材として生徒たちが熱心に沖縄の現実について学び合っていた。この歴史が改革の炎の根底にある。

さらに言えば、沖縄の教師たちは20倍から50倍近い倍率で採用された優秀な教師たちである。さらに沖縄の教師が同僚性において優れているのは沖縄の風土だろう。沖縄県は財政難のため、長らく中学校教師の半数近くを臨採に頼ってきた。しかし、この数年で本土並みにする教師政策が現在進行している。これらの条件に支えられて、数年間で「学びの共同体」の学校改革は沖縄全土に改革の炎を拡大することになるだろう。その「始まりの歴史的事件」が確かにこの数日で起こったのである。

改革の希望に燃える島、沖縄

再び、やんばるへ

沖縄は5月が梅雨。小雨を浴びながら、沖縄のやんばる地域、国頭《くにがみ》村の辺土名小学校（仲松辰也校長）と国頭中学校（神元勉校長）、および名護市の東江《あがりえ》中学校（比嘉明雄校長）を訪問した。いずれの学校も２０１２年7月から10か月ぶりの再訪である。同行者の齋藤智哉さん（國學院大学）は沖縄は初めて、永島孝嗣さん（麻生教育研究所）は沖縄には個人的に10年来毎年訪問し、国頭村の小中学校も2度目の訪問である。

「やんばる（山原）」は沖縄本島東北部の名護市以北の地域をさす。その最北端の国頭村は森林が95%を占める広大な地域で、人口約5千人、23%の土地が米軍の訓練場となっている。この地域には五つの小中併設校と二つの小学校と一つの中学校がある。ここで「学びの共同体」の学校改革が着手されたのは2年前、当時教育委員会の指導課長であった神元さんが自ら国頭中学校の校長となって改革を主導し、教育委員会指導課指導主事の宮城尚志さんが昨年度、すべての学校に「学びの共同体」を導入し村をあげて改革がスタートした。その改革をサポートしたのが小橋川春武教育長である。小橋川さんは1年半前、「学びの共同体」の学校改革の希望を議会で語り、村議会議長の熱い支持をえて改革が本格化した。

これらの人々の改革への希望は熱烈であった。沖縄県は学力テストにおいて全国平均を大きく下回っているが、やんばる地域は沖縄県の中でも最底辺に位置し、村の単独の中学校である国頭中学校は県下でも有数の困難校と言われていた。2年前まで指導主事の宮城さんは毎日、警察か児童相談所を訪問しなければならなかったため、学校を訪問したくても訪問できない状態だったという。この現実を苦慮した神元さんが宮城さんと同行して、広島市祇園東中学校を訪問して「学びの共同体」の改革に深く共感して2年前から改革に着手し、昨年度から村の全8校が連帯して改革が本格化した。

その成果は驚異的である。わずか2年で開校以来荒れが収まることのなかった国頭中学校において問題行動も不登校もゼロになり、七つの小学校の全国学力テスト調査では、沖縄県平均を超えて全国平均に到達し、国語のＢ問題（発展的学力）では全国平均を3点

授業「月夜の浜辺」（中原中也）の学びの風景。

以上も超える快挙を達成した。沖縄県でも最低であった3年前と比べると快挙と言ってよい。ある小学校では、それまで低い点しかとれなかった4年生の子どもが100点をとれるようになり、その両親は家の部屋中に息子の100点のテストを貼って喜んでいるという。

しかし、最も大きな成果は、学力の飛躍的向上よりも、子どもと教師の成長にある。現在、国頭村の八つの学校には一人の不登校の子どももいなければ、一人の問題行動の子どももいない。どの教室を訪問しても、一人残らず学びに夢中になって取り組んでおり、一人残らず教師たちが協同で学び成長し合っている。小橋川教育長は「改革の最大の成果は教師の同僚性の構築にある」

と繰り返し語る。

国頭村には地元出身の教師が少なく、ほとんどの教師は30㎞以上離れた名護市から通っている。しかも、1年単位の臨時採用の教師が全教師の半数近くを占めているため、毎年半数の教師が入れ替わり、教師の平均年齢は若い。この条件で改革を前進させているのは素晴らしい。その根幹に同僚性が息づいている。「ゆいまーる」（沖縄の島言葉で「助け合い・協力」の意味）の伝統が、教師たちの日々を支えているのである。

公開研究会の感動

5月24日、梅雨空のもと、国頭中学校で公開研究会が開かれた。村内の全教師のほか、沖縄全域から多数の教師たちが参加した。宮古島など離島からも多数の参加者があり、那覇市銘苅小学校はバスをチャーターして全教師が参加するなど、昨年と比べて本島南部からの参加者が増えている。

神元校長と宮城指導主事の案内で、さっそく全教室を訪問した。どの教室も素晴らしいことに驚嘆した。10か月前に訪問したときも、開始してわずかの期間に、どの生徒も一人残らず授業に参加し、協同の学びが実現していることに驚いたが、今回は、その学びが質的に向上していることへの驚きである。どの授業においても、50分の授業時間のあとになればあとになるほど、生徒たちは夢中になって学び、その集中が途絶える生徒がいない。これは昨年度は見られなかった光景である。

しかも、わからないままで固まってしまっている生徒がほとんどいない。まだ学力としては低い段階にとどまっている生徒も散見されるし、精神面やコミュニケーションに困難を抱えている生徒は少なくはないのだが、小グループの生徒たちが絶妙の関わりで、どの生徒も見捨てない関係を築いている。それによって、どの教室のどの授業においても、温かで柔らかな雰囲気で包まれており、軽やかではずみのある学びが心地よく展開している。特に1年生は2クラスとも素晴らしい。すべての小学校で「学びの共同体」の改革を進めてきたことが、この1年生の教室の協同的学びに安定感をつくりだしている。

もう一つ驚いたのは、教師たちの成長である。国頭中学校は、今年も半数の教師が入れ替わった。そして2か月しか経ていないのに、どの教室でもコの字型の配置と男女混合4人グループの協同的学びが定着し、教科書レベルの「共有の学び」と教科書レベル以上の「ジャンプの学び」が小グループの協同的学びとして組織されている。

この基本が徹底されていることにより、どの授業においても50分間一人残らず夢中になって学び続ける授業が成立している。もっと驚いたのは、どの教師も黒板の前に椅子一つおいて、その椅子に座って授業を行っていることである。このポジショニングは教室に深い思考の探究的学びを実現する。全国に多数の「学びの共同体」のパイロット・スクールがあるが、すべての教師が椅子一つに座るポジショニングで授業を進めることができる学校は、国頭中学校だけだろう。

「すごいね」とつぶやいた私に神元校長は「教師よりも生徒たちが改革を継続させている」と答えた。そのとおりである。毎年半数の教師が入れ替わりながらも授業改革が発展しているのは、もっぱら生徒たちの力によっている。生徒たちは「学びの共同体」が大好きなのである。ここにも同校から学ぶべき重要な事柄が隠されている。

改革の広がり

午後、ベテランの佐藤繁さんが3年生の国語「月夜の浜辺（中原中也）」の授業を公開した。「月夜の晩に、ボタンが一つ　波打際に、落ちていた」で始まる詩がテキストである。天才的詩人である中原中也らしい象徴的で素晴らしい詩だが、この抽象的で象徴的な詩をこの生徒たちはどう味わうのだろうか。一抹の不安を抱きながら授業を参観したが、佐藤さんが中也が同時期に創作した「また来ん春」という2歳の息子の哀悼の詩を提示して、ジャンプの学びが一挙に実現した。その学びのジャンプの姿に同校の生徒たちのこの1年間の成長の大きさを感じ取ることができた。

もちろん、国頭中学校の授業改革には、まだまだ課題は残されている。神元校長は「もっと教科の本質にそった真正の学びが授業の中心にならなければならない」と強調し、私は「ジャンプのレベルをもっと上げること」と「もっと女子生徒を多く指名し、女子生徒をもっと活躍させて全体を引き上げる必要がある」と指摘した。いずれにせよ、同校が向こう1年で学力も飛躍的に向上させ、沖縄県のトップレベルに躍り出て全国平均を大きく超えることはまちがいないだろう。来年の訪問が愉しみである。

その夜、同行の教師たちと公開研究会の打ち上げに参加した。誰もが1年間の同校の発展を確信し、あふれるほどの幸福感に包まれていた。私も小橋川教育長に準備していただいた泡盛古酒「海乃邦」(43度)に酔いしれた。そして彼が片道3泊4日をかけて東京の大学に「留学」した昔話を聞き、私も40年前を思い起こして彼と肩を組んで「沖縄を返せ」を歌い始めると、全員立ち上がって大合唱となった。

翌日、訪問した名護市の東江中学校も「学びの共同体」の学校改革の途上にある学校の一つである。同校もかつては国頭中学校と同様、県下でも有数の困難校と呼ばれていた。しかし「学びの共同体」の実践を導入し始めてから不登校の数も問題行動の数も激減し、今では誰もが安心して学べる学校へと変化した。昨年度と比べても、授業における生徒たちの反応が格段に良くなっているし、何よりも生徒たちが明るく授業に参加しているのが喜ばしい。

東江中学校の場合、今後、４人グループの協同的学びをより多くの時間を割り当てて導入する必要があるし、ジャンプの学びをより高くより積極的に取り組む必要がある。まだ「基礎」の呪縛から脱しきれていないため、「基礎」も「発展」も伸ばせていない。とはいえ、東江中学校の前進は、今後、県全体の学校改革の先導的役割をはたすだろう。幸い、名護市は「学びの共同体」の改革を推進するために、この年の4月、村瀬公胤さん（麻生教育研究所長）を正規の研究員として採用した。10月には私の勤務する学習院大学と名護市教育委員会との協同の現職研修セミナーも開催される。座間味法子教育長の見識あるリーダーシップによって改革は着実に前進を遂げることを確信している。東江中学校の公開研究会を終え、島言葉「ゆいな、ゆいな」（焦るな、焦るな）と自分に言い聞かせながら飛行機に乗り、那覇空港をあとにした。

一人も孤立させない協同的学びの実現へ

学びからの疎外

「学びの共同体」の授業改革の目的は、子どもを一人残らず「学びの主権者」に育てることにある。しかし、この目的を達成することは決して容易なことではない。何よりも、子どもたちは（教師も）学びの疎外（alienation）に苦しんでいる。学びの疎外は三つの局面で生じている。学びの対象（内容）の喪失、学び合う仲間の喪失、そして学びの意味の喪失である。学びの実践とは、この三つの疎外を克服する実践にほかならない。

学びからの疎外は、経済的、社会的、文化的な貧困にあえぐ子どもたちにおいては、いっそう深刻である。教室を参観するたびに思うことだが、身体が悲鳴をあげている子どもたちが増えている。経済大国の日本だが、学齢児童の相対的貧困率はＯＥＣＤ加盟国の中でワースト4に入る。厚生労働省の公式発表（2010年）において子どもの貧困率は15・7％（2014年の公式発表では16・3％）、大阪や東京などの都市部では30％近くに達する。母子家庭の子どもの貧困率はOECD加盟国の中で最も高い。深刻化する子どもたちの現実に教師たちはどのように立ち向かっているのだろうか。そして、これら困難な子どもたちを一人残らず「学びの主権者」に育てるには、どのようにすればいいのだろうか。

ある中学校の校長は、朝食を食べられないためにダウンしてしまう生徒のために朝食用の弁当を持参して通勤している。ある中学校では、教師たちが30分以上も早く通勤して生徒たちのために風呂とシャワーを準備し、衣服をすべて取り替えさせ洗濯させている。その生徒たちの家はゴミ捨て場同様になっており、彼らの身体と衣服はホームレスのような異臭を放っている。彼らは風呂と洗濯のサービスを授業開始前に受けない限り、教室には異臭が立ち込め、彼らはそのことを恥ずかしがって協同的学びに参加しようとせず、やがて不登校になってしまう。このような貧困に苦しむ子どもたちが増えている現実をもっと多くの人々に知ってほしいと思う。

今月（2013年1月）、子どもの貧困と闘い学びの疎外の克服に挑戦する三つの学校を訪問した。大阪府茨木市の郡山小学校と豊川小学校、そして東大阪市立金岡中学校である。いずれの学校も改革に協力して10年になる。これまで困難を抱える学校から多くの事柄を学んできたが、今回もこの3校の実践から学ぶことが多かった。

子どもを一人にしない

郡山小学校（当時、平家陽一校長）は全校児童約２００名の中規模校である。そのうち要保護、準要保護の子どもは7割以上、半数近くが離婚家庭の子どもであり、ニューカマーの子どもが3割近く、さらに特別支援を必要とする子どもが3割近く存在する。ニューカマーの子どもは16の国々から来ており、アジアだけでなくイスラム圏、南米からの子どもも多い。その郡山小学校において「学びの共同体」の授業改革が積極的に推進され、驚異的とも言える成果をあげてきた。これ以上困難な学校は少ないと思われる条件にもかかわらず、同校は毎年飛躍的に学力を向上させて昨年までに大阪府平均に接近し、今年はついに全国平均を超える成果を収めた。快挙と言ってよい。しかも、同校の学力は「発展的学力」（B問題）において卓越している。その秘密はどこにあるのだろうか。

授業の改革はつきつめると、①誰もが安心して学べる教室づくりと、②誰もが夢中になって学ぶ授業づくりの二つの課題を達成することにある。郡山小学校の教師たちは声のテ

どの一人も孤立させない学び合い。

ンションをさげ、教室に聴き合う関係を築き、ジャンプのある協同的学びを組織して、この二つの課題を達成してきた。

どの教室を訪問しても、しっとりとした温かな空気に包まれ、子ども一人ひとりが柔らかな表情で生き生きと学んでいる。何より感動的なのは、1年生から6年生にいたるまで、どの教室においても、どの子どもも一人にされていないことである。これほど一人ひとりがつながっている教室を見たことがない。教師の細やかな関わりと丁寧な授業が子どもたち相互の協同を生み出しているのだが、それ以上に子どもたち自身がペア学習（低学年）と小グループの協同学習（中学年以上）において、どの瞬間においても一人も孤立させない関わりを学びによってつくりだしている。それが素晴らしいし、すごいのである。

しかも、郡山小学校の協同的学びは、学年段階をとおして見事に発展している。低学年ではペア学習によって学び合いの基本が育てられ、情緒的に不安定な子どもや多動の子どもや関わりの苦手な子どもが大きく成長している。この安定した育ちの基礎がその後の学びを確実なものとしている。中学年の学び合いは、4人グループで探究し合う喜びが追求されている。そして高学年では高度の探究を協同で実践し、個人の学びと共同体の学びを協同的な学びにおいて相互補完的に成立させている。

同校の子どもたちは誰もが学び上手である。たとえば、4年生の算数の授業を参観しているとき、興味深い光景を見ることができた。小グループの活動で、ある一人の女の子が向かいの女の子に「ここ、どうするの?」と質問し、それに応答している場面であった。尋ねられた女の子が丁寧に教えていたとき、尋ねた子が一言つぶやきを発する動きを示した。その途端、教えていた女の子は「あ、ごめん」と口を手でおおって、つぶやきを聴く側にまわったのである。この女の子は、尋ねた女の子が自分で思考し始めたことの邪魔になってはならないと、咄嗟に「あ、ごめん」と口を手でおおったのである。

また3年生のある男の子は、小グループの協同的学びの場面で、斜め向こうの席の男の子がつまずきながら一人がんばっている姿を見守り、声をかけられるとすぐに彼の横に椅子ごと移って一緒に学び合っていた。温かく脇から支えるようにである。どの子どもたちの関わりを見ても、一人ひとりの学びの尊厳を尊重し合って支えているのだから、すごい。

困難をともに克服する実践

郡山小学校は、この授業改革を隣接校である豊川小学校の教師たちとともに追求してきた。豊川小学校も、郡山小学校と同様の経済的、社会的、文化的困難を抱えた子どもたちが多数通っている学校である。郡山小学校を訪問した後、豊川小学校の全教室を参観して、どちらの学校においても、どの瞬間も子どもが一人にされていないことの大切さを痛感した。なぜ、「学びの共同体」なのか。それは「疎外」を克服するのは「共同体」でしかないからである。

その前日に訪問した東大阪市の金岡中学校（当時、青木淳子校長）も、厳しい環境の中で苦しむ生徒たちが多く通っている学校である。同校の教師たちと生徒たちも素晴らしい。どの教室を訪問しても、無言で悲鳴を発している生徒が多数見受けられるというのに、教室は優しさと温かさが感じられ、生徒たちの表情は明るい。

同校もいくつもの困難を克服してきた。昨年は2年生が崩れ始め、一時は授業の成立が危ぶまれる危機もあった。しかし、その学年の生徒たちも3年生になって、見違えるほど夢中になって学び合える生徒たちへと成長していた。その秘訣は二つあった。一つは、小グループの編成において「くじ引きによるグループ編成」を導入したこと、もう一つは教師たちが授業を細やかにデザインし「丁寧な共有的学び」と「大胆なジャンプの学び」に挑戦したことにある。

荒れる生徒はどの生徒も、学びから疎外された生徒である。わからないから突っ伏してしまう。教師と仲間から見捨てられたと思うから授業を攪乱させてしまう。仲間から疎まれるから学ぼうともしない。前年、私は、荒れる2年生の生徒たちから学び、いくら教師が生徒を受け入れようとも、その生徒がクラスの仲間たちからまるごと受け入れられない限り、学びに参加しない（学びの疎外から脱却できない）ことを知らされた。「くじ引きによるグループ編成」によって生徒たちは、どの生徒も自分たちで引き受ける責任を共有し、教師と協同で困難な生徒たちを支える学びを推進してきた。その成果が実りつつある。

あと一歩である。同校の教室にはまだ2、3人ほど、授業の途中でつぶれたり固まってしまう生徒がいる。授業の前半の〈共有の学び〉において、ワークシートが白紙のまま〈ジャンプの学び〉に移る生徒も数人残っている。せめてワークシートの半分でも書くことができれば、彼らは〈ジャンプの学び〉において成績上位の生徒以上に夢中になって取り組むことになるのだが、その一歩手前でダウンしている。このあと一歩をどう乗り越えればいいのだろうか。その貴重な示唆を翌日訪問した郡山小学校で見出すことができた。学びにおいて子ども同士で一人も孤立させない学びの作法を確立することが肝要なのである。

金岡中学校を訪問して、いつも感動するのは同僚性の素晴らしさである。昨年、金岡中学校がこの10年で最も危機的と思われたときも、私は何も動揺しなかった。同校の同僚性がこの10年間で最も素晴らしく形成されていたからである。その予測はまちがっていなかった。

大阪や東京の学校の最大の困難は、同僚性が築きにくいことにある。金岡中学校はその困難を克服し、どんな困難な生徒も仲間の生徒たちとともに引き受ける学校を築いている。そこが何よりも素晴らしい。

震災から18年・神戸市の学校改革

改革の始動

　２０１３年度の末の３月、神戸市の福田中学校（当時、東茂樹校長）と竹の台小学校（当時、西馬和男校長）を訪問し公開研究会に参加した。福田中学校は初めての訪問、竹の台小学校は前年に続き２度目の訪問である。神戸市の学校との協同は長年にわたる希望であった。20年前の阪神淡路大震災以降、神戸市の学校からの依頼は極端に少なくなった。数年に１校程度で、すぐに途絶えてしまう。しかも、他の大都市同様、神戸市の学校の授業風景は旧態依然としており、改革の動きは鈍い。今回訪問するまで、私は神戸市の授業改革が進展しないのは、他の政令指定都市と同様、教育委員会の規模が大きすぎるからだと考えていた。この推測は間違ってはいない。一般的に言って、大都市の学校は教育の質が低く授業は伝統的な一斉授業が支配的である。特に政令指定都市の学校は深刻である。たとえば横浜市は一つの教育委員会で600以上もの学校に対応しなければならない。実践的支援は不可能であり、官僚的な統制か野放し状態になってしまう。神戸市も同様と思っていた。

しかし、神戸市教育委員会と神戸市総合教育センターの方々から直接事情をうかがうことによって、私の認識が実態に即していないことを知らされた。震災後、神戸市の教育財政は復興経費のために大幅な減額を余儀なくされた。18年も経過したというのに影響は今日まで及び、一律2割の削減が続いているという。市の教育財政はおそらく震災前の半分程度に落ち込んでいると思われる。学校が活気を失うのも当然であろう。改めて阪神淡路大震災の傷痕の深さを思い知らされた。

教育予算の大幅な削減は教師の研修費を直撃する。震災後、神戸市では学校の研修活動に対する財政援助を長らく打ち切らざるをえなかった。「わかる授業」を標語として学校の研修を財政的に支援できるようになったのは平成18年度からである。それでも現在、市の指定を受けて研修活動を行えているのは、小学校166校、中学校83校のうちそれぞれ1校のみである。訪問した福田中学校はその1校である。

福田中学校の公開研究会には、年度末の最も忙しい時期にもかかわらず、市内外の

150名以上の教師たちが参加した。福田中学校において授業改革が本格化したのは、前年、市の研究指定を受けてからである。同校は、それまで厳しい状況におかれていた。校区には復興住宅が存在し、その復興住宅には震災で最も被害の大きかった長田町の住民が数多く移り住んでいる。そのこともあって、同校の要保護・準要保護の生徒の比率は市内の他の学校よりも高い。それも影響してか、同校は数年前までは問題行動が多発する荒れた状態になり、校区の小学校では学級崩壊が相次いだ。「一人ひとりの学びを保障する『学びの共同体』づくりの改革しか解決の道筋はなかった」と東校長は語る。

拠点の構築へ

午前10時半、学校に到着すると、さっそく森本純夫教育長とともにすべての教室を訪問した。東校長は「まだはじめの第一歩」と謙遜されているが、どの教室を見ても協同的学びが導入されて一人残らず学びに参加しており、まだ学力の飛躍的向上には結実していないが、着実に改革が根づき定着している。同校を初めて訪問した多くの人々は、この学校が数年前まで「荒れた困難校」であったことを想像できるだろうか。それほど生徒たちは落ち着いており、教師たちも授業改革に確信を強めつつあることがうかがえた。

福田中学校提案授業（国語）の学びの風景。

どの学校を訪問しても感じることだが、「学びの共同体」の学校改革の最大の推進力は生徒たちである。数か月の経験で生徒たちは、協同で学び合う作法を体得し、困難を抱えた仲間をケアし、学びの魅力を見出して夢中になって学び始める。そして、その変化によって教師たちを励まし、教師たちの成長を支えるのである。さらに、福田中学校においても強く感じたことだが、学びから脱落する生徒、わからなくて諦めてしまう生徒、低学力に苦しんでいる生徒は、どの生徒も仲間との学び合う絆を失った生徒たちである。いわば、教師からも仲間からも「見捨てられた」生徒たちであり、「見捨てられたと思っている」生徒たちである。その生徒たちが「学びの共同体」によって学び合う仲間を見出し、学びを支えてくれる教師を見出し、学びの意味を見出したときの変化は著しい。

福田中学校はどの教室も柔らかさと温かさに包まれていたが、その空気はこれまで「見失ってきた」生徒たちが、仲間と教師と学びの魅力を「見出した」喜びから生まれたものと言ってよいだろう。この変化は、午後体育館で行われた岩崎麗教諭による国語の授業「二つの記事を比べよう」（中学1年）において典型的に示されていた。岩崎さんは「これまで一斉授業で一方的に説明する授業しか経験してこなかった私が、この一年、何とか生徒の声を聴くことを授業の中心にして協同的な学びの導入に挑戦してきた」と率直に語っていたが、その挑戦を生徒たちも共有していた。生徒たちも、これまで受け身でひたすらノートをとって覚えることしか行ってこなかった学びを活動的で協同的で反省的な学びへと転換し、仲間のアイデアを借りて探究としての学びを実現する学習者へと成長してきたのである。そのことが誰の目にも明確に確かめられる研究授業であった。

公開研究会を終えて帰路につく参加者たちの声を聞いた。ある参加者は、私の講演において神戸市の授業の改革と授業の研究が18年間も停滞した惨状について率直に指摘したことに謝意を表明し、ある参加者は生徒たちの真摯に学び合う姿を目の当たりにした感動を語り、またある参加者は「数年前にこの学校を訪問したときと比べて、何よりも教師たちの同僚性が育っていることに感銘を受けた」と語っていた。この最後の感想が最も重要である。学校の改革において何よりも重要なのは同僚性の構築であり、神戸市のような都市部の学校で何よりも困難なのが同僚性の構築だからである。

研修を支援する

翌日、竹の台小学校を訪問した。同校は平成24年度文部科学省の「学力向上実践研究推進事業」の指定を受けており、その財源によって公開研究会を開催することが可能となった。公開研究会には、前日の福田中学校の参加者数を超える250名以上の教師が参加し、熱い研究会となった。この2日間の公開研究会は、神戸市の学校が今地殻変動のように改革の基盤が動き出していることを象徴している。

竹の台小学校は裕福で落ち着いた環境にある学校である。それだけに学びの質の追求がもっともっと高いレベルに求められていい。「学びの共同体」の挑戦はすでに3年目を迎えているだけに、どの教室も安定しており、一定の水準に達している。しかし、何かが足りない。その何かをどこに求めればいいのだろうか。午前中のすべての教室の授業観察から野口正隆さんの提案授業「わらぐつの中の神様」（小学校5年）を経て授業協議会にいたるまで、ずっとその問いを考え続けてきた。

同校に何度も講師として足を運び研究を支えてきた小畑公志郎さんは、卓越した授業の実践家であるだけに、ずばっと問題の本質を見抜いていた。私の言葉で言えば「真正の学び」（教科の本質に即した学び）の探究である。もっとテキストを深く研究する必要があるし、文学の学びの本質について探究する必要がある。協同的学びは「真正の学び」の追求によって、その真価を発揮するのである。

竹の台小学校は、神戸市の授業改革をリードする役割を期待されている。この日の公開研究会をバネにして、改革の拠点校として授業づくりを洗練させてくれるに違いない。

福田中学校、竹の台小学校の二つの学校の公開研究会を終えて、前日に訪問した静岡県富士市の富士中学校の公開研究会の風景を思い起こしていた。富士中学校の校長は稲葉義治さんである。この年が退職の年であるが、13年間、全国の「学びの共同体」の学校改革の指導的校長として岳陽中学校（教頭）、元吉原中学校、田子浦中学校、そして富士中学校と4校もの拠点校を築いてきた。どの学校も驚異的と言ってよいほど卓越した学校へと変化した。富士中学校も例外ではない。わずか2年間で、これほど学校は変われるものかと感嘆した次第である。

どの学校も内側からしか改革できないが、その内側からの改革が実を結び持続するためには外からの支援が不可欠である。神戸市のこの二つの学校とそれを引き継ぐ学校も同様である。

福田中学校の公開研究会の後の校長室で、教育委員会の指導課の方々と総合教育センターの方々と一緒に、神戸市の学校改革を支援する協同事業について相談した。２５０校以上の学校を擁する神戸市において、現在の規模の研修事業では、とうてい現在求められる学校改革も授業改革も達成しうるものではない。私の勤務する学習院大学と協同で来年度「教員研修セミナー」を開催する企画を提案し、同意をえることができた。学習院大学では今年度創設される教育学科の社会貢献事業として全国各地の教育委員会と協同して教員研修セミナーを開催する事業を準備している。平成25年度は東アジアの学校改革を主題に国際シンポジウムを開催するほか、岩手県奥州市、東京都武蔵野市、神戸市、沖縄県那覇市において教育委員会と協同で教師の専門性開発の研修事業を展開する。奥州市では被災地の各町の教育委員会とのコラボレーションを実現することになっている。震災から18年、復興事業を持続してきた神戸市の経験は被災地の今後の学校改革の重要な指針となるだろう。

始まりの永久革命＝新学期を迎えて

改革の再始動

２０１３年４月の第１週と第２週、新しい年度と学期が始まったばかりの学校をいくつか訪問した。どの学校でもこれまでの改革の伝統を継承しつつ、リフレッシュした改革が再スタートしていた。新しい校長、新しい教師、新しい子どもたち、その新鮮なエネルギーをバネとして「学びの共同体」の改革はいっそう弾みをつけている。

その一つの事例を紹介しよう。４月19日、静岡県富士市の元吉原中学校を訪問した。同校が「学びの共同体」の学校改革に着手したのは11年前、同市の岳陽中学校で教頭をつとめた稲葉義治さんが校長として赴任した年である。稲葉校長の素晴らしいリーダーシップにより、同校の学校の改革と授業の改革は順調に進展した。３年目には、全国の教師たちに最も信頼される学校となり、国内外から数多くの参観者が訪問するようになる。続いて、丸山和男校長、石川誠校長が稲葉校長を引き継いで、同校はいっそう授業実践を洗練させた。石川校長（当時）ほど、一人ひとりの生徒の学びを細やかに観察して教師たちを支援してきた校長はいないだろう。毎年二度、私は同校を訪問してきたが、石川校長がどの生徒についても担任と同等の細やかさで一人ひとりの生徒の学びと背景について理解しているのに驚嘆してきた。同校は200名余りの生徒数の比較的小規模の中学校であるが、いくら小規模とはいえ、校長が生徒の学びと背景を一人残らず詳細に理解することは容易なことではない。石川校長は、日常的にすべての教室を観察することによって、生徒たちと教師たちの学びを支援してきたのである。そして、2013年度、石川校長は県教育委員会に転勤し、新たに早川充校長が同校に着任した。

元吉原中学校への訪問は、いつも心ときめく一日となる。生徒たちの学びが素晴らしく、教師たちの同僚性が素晴らしい。それにしても、元吉原中学校には他のどの学校よりも安心して参観できる安定感がある。この安定感は、いったいどこから生まれるのだろうか。その秘密は三つあると思う。

その一つは、生徒たちの学びの伝承における安定感である。たとえば、この年も4月の第1週、新1年生は全員、3年生のクラスを訪問して授業の参観を行った。3年生の生徒

提案授業（歴史）の風景。

たちの学び合いの姿を観察し、それをモデルとして中学校の学びをスタートさせるためである。（なお、3学期の終わりには、今度は3年生が全員、1年生の授業を参観することになっている。）元吉原中学校の生徒たちは、学年を追うごとに学びの作法を洗練させ、素晴らしい学びを実現する生徒たちへと成長する。その姿から学ぶことで新1年生は高いレベルからのスタートを可能にしている。

同校の安定感の二つ目は、教師たちの学びと同僚性の質の高さである。その端的な表現は、毎月行われる授業協議会にある。かなり贅沢なことだが、同校の月例の授業協議会には、いつも外部から講師が招かれ、質の高い授業研究を可能にしている。佐藤雅彰さん（元岳陽中学校長）、庄司康生さん（埼玉大学教授）、北田佳子さん（埼玉大学准教授）、藤井康之さん（奈良女子大学准教授）、黒田友紀さん（静岡大学講師・当時）、そして私が、同校をそれぞれ二度ほど訪問して教師たちの授業研究を支援している。

三つ目は校長のリーダーシップである。稲葉校長、丸山校長、石川校長、そして今年度着任した早川校長は、いずれも授業実践において卓越した実績をもつ校長であり、生徒一人ひとりの学ぶ権利を大切にし、かつ教師一人ひとりの個性を尊重し、彼らの専門家としての成長を支援できる実力を備えた校長である。

今年も4月早々の同校のすべての教室を参観し、生徒たちの学びが年々洗練される姿に感銘を受けるとともに、同校の「静かな改革」の持続に快い安定感を満喫した。

洗練された授業改革

元吉原中学校の授業と学びにおける安定感が、決して脆さや危うさを抱えていない安定感ではないことは留意しておかなければならない。たとえば、2年生はこれまでのどの学年にもまして、特別支援を必要とする生徒が多い学年である。この日参観した授業においても、途中ほかの子についていけない精神的に幼い女子生徒が自分の膝をたたいて泣き出してしまったし、4人グループの協同的学びにおいても一言も言葉を発することなく、ひたすら仲間の言葉を追いかけるだけの生徒も散見されたし、英語の授業だというのに国語の辞書をひっきりなしに使って教師と級友の言葉をかろうじて理解している生徒もいた。新1年生もつぶさに観察すると、さまざまな脆さが多くの生徒に見られる。教師も同様である。素晴らしい同僚性に支えられて一人残らず授業に誠実に取り組んでいるが、他の学校と同様、一人ひとりはそれぞれ教職生活においても私的生活においてもそれぞれ固有の悩みと苦しみを抱えて仕事を続けている。

元吉原中学校の安定感は、それら生徒と教師の脆さや危うさが仲間たちに受容され、さりげない優しさで支えられ、それぞれの学びによって希望へとつなげられていることだろう。この学校では誰一人、孤立してはいない。

午後の高橋啓介さんによる提案授業「大正時代の人々の生活」(3年2組)は、元吉原中学校の今年度のスタートを象徴する印象深い授業であった。高橋さんは同校に新任で赴任して3年目、昨年あたりから頭角を現し、その実直さと細やかさを個性として発揮できるようになっている。私の印象で言えば、彼が小グループの協同的学びにおいて困難を抱える生徒に寄り添って同じ目線になって抱え込むように支える姿は素晴らしく、3年目を迎え、その個性がどのように開花するかを楽しみにして授業を参観した。

高橋さんは二つの資料と二つの課題を提示して授業を展開した。資料の一つは大正期の新聞広告のコピーであり、大阪のタクシー、大曽根の洋食レストラン、東京の映画館、カルピス、電気扇風機、英語塾の広告記事が提示され、これらの広告記事から「どのような生活の特徴が伝わるか」が課題として提示されて議論された。もう一つの資料は明治末から昭和初期にかけての年表、明治末から昭和初期の主な商品の物価と公務員と日雇い労働者の給与の変化、明治から大正期へといたる発電所数の棒グラフ、大正期から昭和初期の新聞とラジオの普及を示すグラフの4種類の図表である。これらの資料の解読を促しながら、「大正時代の生活の特徴が生じた理由を、この四つの図表のすべてを用いて説明すること」が課題とされた。

二つの課題のうち、前者は「資料から歴史像を描き出す学び」であり、後者は「資料から歴史的事実の関係を読み解く学び」である。前者は具体的イメージの学び、後者は抽象的関係の学びであり、このような構成を行えるようになったところに教職3年目の高橋さんの成長がうかがえる。

授業前に高橋さんは、「授業の成否というよりも、資料を夢中になって探究する生徒の姿を見たい」と語っていたが、その期待に生徒たちは十二分に応えていた。特に、四つの図表のすべてを関連づけて歴史的事実の関係を読み解く授業後半の課題においては、どの生徒も資料を食い入るように見つめながら協同的学びを遂行していた。

始まりを大切に

高橋さんの提案授業を参観しながら、私は数多くのことを学ぶことができた。一つは、午前中は「素晴らしい」と感嘆し続けた3年生の生徒たちだが、提案授業で詳細に一人ひとりの学びを観察してみると、いくつかの脆さを生徒たちが抱えていることに気づく。たとえば、4人グループの学び合いにおいて、一つのグループは活発に意見を交流しているのだが、話し合いになってしまい学びが成立していない。最終的にこのグループは最初に一人が言った「大正時代は自由な時代」という結論が続いただけで、それ以上の学びの進展は見られなかった。

また八つのグループのうち、三つのグループはリーダーとなっている一人の男の子が何とかグループ内の学びを進展させようと努力し、他の3人はその男の子に依存するかたちから抜け出せなかった。これでは協同的学びとして不十分である。生活班においてはリーダーが必要だが、協同的学びのグループにおいてはリーダーが生まれてはならない。一人ひとりが学びの主人公となり、学びの主権者になる必要があるのだ。しかし、この三つのグループは、それぞれ一人のリーダーの善意によって協同的学びが阻害されていた。

これらの危うさは、午前中の全教室の参観のときには気づかなかったことだ。私は自分の観察能力の弱さを反省した。と同時に、いくら同校の3年生が「学び上手」に育っているとはいっても、まだまだ克服しなければならない課題が多いことを再認識させられた。だから授業観察と授業研究は奥が深いし、中途半端にすることはできない。

そう考えると、これまで高橋さんに対して好感をもって抱いていた困難な生徒への寄り添いも再検討しなければならない。高橋さんの脆さを抱えた生徒への支援は、高橋さんが彼（彼女）のもとを去ったあとは無効になってしまう関わりである。寄り添うとすれば、その生徒の真横に張りつくのではなく、むしろ対面の生徒の傍らに座って、生徒たちの学びをつなぐ支援でなければならない。そのことを私はこの授業によって改めて気づかされた。

これら4月の学校の風景は、どれもこれも「始まりの永久革命」の一コマである。

小学校の改革の難しさと可能性

小学校を変える難しさ

小学校の授業を改革するのは中学校より難しい。学校改革も中学校以上に困難である。この認識は、一般の人々や一般の教師や教育学者が抱いている常識とは異なるかもしれない。しかし、私のこれまでの経験から言って、小学校の改革は中学校や高校の改革よりも複雑であり、特に改革の持続において難しかった。その実感は「学びの共同体」の改革を推進している方々の間では共有されているのではないだろうか。事実、全国で約1500校の小学校、約2000校の中学校、そして約300校の高校が「学びの共同体」の改革に挑戦しているが、中学校、高校において改革が中断する学校はほとんどないが、小学校は少なからず存在する。この違いは、どこから生まれるのだろうか。

小学校の改革を継続する難しさの要因の一つは子どもたちの幼さにある。中学校と高校で改革が進展すると、ほぼすべての生徒が「学びの共同体」の積極的な推進者となる。改革の始動においては教師たちの改革によって生徒たちの学びが支えられているが、その後は、生徒たちによって教師たちの授業が支えられるようになる。生徒の方から「学びの共同体」を中断することはありえないから、中学校と高校では改革が断ち切れることはほとんどないのである。ところが、小学校では子どもたちの意思表示（ときには生徒会決議）によって「学びの共同体」の継続が教師たちに要請されることは起こりえない。小学校の学校文化は、教師の同僚性の成熟度によって決定づけられているのである。

しかし、小学校の改革の難しさの根本的な要因は、子どもの幼さというよりはむしろ、以下の諸点にあると言うべきだろう。

小学校における改革の難しさの第一は、学級担任制による教師の孤立にある。小学校教師ほど孤独な仕事は少ないだろう。閉ざされた教室でどんな困難が生じても、誰も助けに来てはくれない。しかも、教室内の出来事すべてにわたって教師は単独で責任を負わなければならない。このことを逆に言えば、教室内に閉じこもり、その壁に囲まれている限り、教師の内面の自由や仕事の内容が侵されることはない。この状態をかつて教育社会学者のダン・ローティは、「卵の殻の構造（egg crate structure）」と表現していた。

学級担任制による教師の孤立は校内に同僚性を築くことを困難にしている。スタンフォード大学の教育史研究者であるディビッド・タイヤックは、小学校を「教育のハーレム」と揶揄したことがある。アメリカの小学校の多くは一人の男性校長と多数の女性教師で組織され、それぞれが個室をつくって各教師は校長としか関係をつくっていない。「教育のハーレム」は卓越した比喩である。

学級担任制によって孤立した教師は、同僚性の形成に困難を抱えているだけでなく、経験主義と保守主義に陥っている。教室内に閉じ込められ責任のすべてを負わされた教師は、失敗をおそれて経験主義の枠から抜け出そうとはしないし、長年なじんできた授業を変えることに恐怖感を抱いてしまう。学級担任制を見直して教室の壁を取り払わない限り、小学校教師が同僚性を構築し、経験主義と保守主義の呪縛から脱する道はないのである。

低学年の授業改革

小学校の改革のもう一つの困難は、低学年の授業を改革することの難しさにある。通常、小学校の「花形」は高学年の教育実践に求められがちだが、私は小学校において最も教師の力量が問われ、最も重要で最も可能性に満ちていて、最も困難なのは低学年の授業実践

遷喬小学校の低学年の授業風景。

であると思う。このことの認識が、小学校の校長と教師たちにおいて不十分なのではないだろうか。実際、小学校における「学びの共同体」の学校改革は、低学年の授業の改革が進展し安定したところで一段落する。そして低学年の授業改革が安定した学校は、その後の改革も順調に進展すると言ってよい。

しかし、私自身、低学年の授業のヴィジョンを明確にし、そのヴィジョンを教室で実現させるには数え切れないほどの失敗の経験と長い年数を必要とした。今では、小学校の改革において最も重要なのは低学年の授業の改革であり、しかも最も難しいのも低学年の授業改革であることを確信している。

なぜ、低学年の授業の改革は困難なのだろうか。さまざまな原因が複雑に絡み合っているが、その中心は、小学校低学年においては中学年や高学年のようにグループ学習が活用できないことにある。小学校1年生と2年生では4人グループの協同的学びは、発達段階から言って無理である。これまで世界31か国の学校を多数訪問し観察してきたが、小学校低学年において小グループの協同的学びを導入している学校は皆無であった。低学年の教室においては、全体学習とペア学習の組み合わせによる協同的学びを行うしか方法はない。このことが、中学年以上（中学校、高校を含む）の授業改革との根本的な違いである。どのようにして全体学習による協同的学びを実現し、どのようにペア学習を生かすのかが、低学年の授業改革の中心課題なのである。

「学びの共同体」の改革においては、低学年の授業の改革において、コの字型の密着した机の配置（「べっちょり型」と呼んでいる）と1時間の授業の中で7、8回はペア学習を取り入れることを推奨している。多くの小学校では黒板に向いた机の配置で授業を行っているが、あの形態では教師の命令に従う子どもは育っても、学びにとって最も必要な聴き合う関係は育ちようがないし、子ども一人ひとりの学びの作法も育ちようがない。さらに、近年、低学年のペア学習の必要性が認識され、多くの教室で授業に1、2回はペア学習を導入しているが、1、2回のペア学習では半数近くのペアにおいて協同が成り立たず、ぼーっとしている子どもが多いのが現状である。低学年の授業改革においては、全体学習とペア学習を有機的に組み合わせ、授業全体を協同的学びで組織する必要がある。そのためには、教師の声のトーンはもっと抑制されなければならないし、教師の言葉はもっと少なく洗練されなければならない。

低学年の授業において大切にされなければならないのは「丁寧さ」と「細やかさ」である。このことを達成するためには学びの課題のレベルをあげる必要がある。低学年の教室を参観すると、ほとんどの教室において授業の後半はだれてしまう状態になっている。教師たちは「学習態度」「学習ルール」の未熟と認識しているようだが、根本的にまちがっている。課題のレベルが低すぎて、ほとんどの子どもが学びを終えているのである。この問題を解決するためには、授業の後半は「ジャンプの学び（教科書レベル以上の学び）」を積極的に導入して、45分間、夢中になって学び続ける授業を実現する必要がある。

改革の希望

常々、小学校の改革の難しさを痛感しているだけに、この改革を達成している小学校を訪問すると、その姿に感動して励まされ、希望を確かにすることとなる。本年（２０１３

年）7月6日に訪問した鳥取市遷喬小学校（当時、栗岡玲子校長）もその一つである。

遷喬小学校への訪問は初めてであった。山陰地方は「学びの共同体」の改革のうねりがまだ弱い地域の一つであり、鳥取県は島根県と比べても改革に挑戦している学校は少ない。それだけに遷喬小学校の訪問は長年の念願であった。

遷喬小学校は鳥取市において歴史のある学校であり、校長室や校舎の随所にその歴史をうかがわせる資料や美術品が展示されていた。同校は2004年に石井順治さん（東海国語教育を学ぶ会顧問）を招いて改革に着手し、2007年以降は小畑公志郎さん（元宝塚市公立小学校長）をスーパーバイザーとして迎えて授業改革と学校づくりを継続してきた。近年は、近くに住む神戸大学名誉教授の濱本純逸さんが国語教育を中心に指導されている。いずれも尊敬する素晴らしい講師陣であり、それだけでも同校は幸運な条件に恵まれている。

10年間にわたる改革の持続の成果は、どの教室の授業においても確かだった。第一印象として感じたことは、子どもたちの学びにおける柔らかさと教師たちの授業に対する誠実さである。さっそくすべての教室の公開授業を参観した。

低学年の教室を訪問して、同校の改革が着実に前進し安定した段階に入っていることを確信した。欲を言えば、よりペア学習の回数を増やすことと学びの課題のレベルをあげる必要を思わないではなかったが、教師のポジショニングや声のトーン、そして教師の子ども一人ひとりへの関わりは素晴らしかったし、低学年の授業で大切にすべき「細やかさ」が教師にも子どもにも育っていた。低学年の教室はその学校の改革の根の確かさを表現しているが、同校の低学年のしっとりとした教室は、改革を10年間にわたって持続してきた伝統を何よりも端的に示していた。

低学年の授業改革の前進の基盤が、中学年、高学年の協同的学びの発展を生み出していた。同校の子どもたちの協同的学びの関係の素晴らしさは、私だけでなく、この日訪問した多数の参観者が実感したに違いない。さらに教師間の同僚性の成熟が、同校の安定した前進の基礎となっていた。ここまでくると、あとは「真正の学び（authentic learning）」の追求によって学びの質を高めることが研究の中核となるだろう。遷喬小学校の歩みは、小学校の改革の可能性を示しているだけでなく、その筋道の典型を示している。

改革の継続から学ぶもの

4月から5月へ

学びの共同体の学校改革は、私の研究と理論の限界を超えて前進しつつある。2014年4月と5月の学校訪問と授業観察をとおして、そう実感せずにはいられなかった。この2か月間に訪問した国内の学校は、4月18日の名護市羽地中学校、23日の横浜市汐入小学校、26日の那覇市銘苅小学校、30日の四日市市八風中学校、そして5月2日から8日の台湾花蓮市、雲林県、高雄市、台南市の諸学校の訪問をはさんで、14日の相模原市上溝南中学校、21日の富士市元吉原中学校、23日の中野市中野平中学校、24日の長野県下高井郡木島平中学校である。これらの学校のうち、羽地中学校、汐入小学校、銘苅小学校、木島平中学校は、前年度から学びの共同体の改革が本格的に着手された学校であり、八風中学校、上溝南中学校、元吉原中学校、中野平中学校は、6年以上改革を継続して成果をあげている学校である。

4月、5月はどの学校も新しい生徒と教師を迎え、その後の1年間を決定づける新しい年度の始動の時期である。それだけに、ほかのどの時期よりも緊張する訪問となる。しかし、この年度の訪問は「緊張」よりも「感嘆」の思いを体験したことが多かった。

私の年間スケジュールに空きがないため4月の入学式から2週間以内の訪問となった名護市羽地中学校、那覇市銘苅小学校、横浜市汐入小学校は、いずれも前年度から学びの共同体の学校改革に本格的に着手した学校であったが、学校と教室の変化は著しかった。

たとえば汐入小学校はその典型である。同校は鶴見区臨海地域に位置し、市内343の小学校の中で最も社会的経済的に不遇な背景をもつ子どもが多い学校の一つである。同校で井津井公次校長と野口みか子教頭によって学びの共同体の学校改革が導入された前年度末の3月13日、私は同校を訪問し、通常の家の3分の1ほどの大きさの家がひしめく地域の風景に驚くとともに、一人ひとりの子どもの抱える背景の深刻さに心を痛めないではいられなかった。学校も教室も騒然としており、子どもの低学力と授業の成立の困難を訴える教師たちの悩みも深かった。一通りすべての教室を参観した後、学びの共同体の改革の哲学とシステムを説明し、教師たちの悩みと質問に応答しながら、すぐに着手すべき事柄

木島平中学校の教室風景。

を伝えて、その日は学校を後にした。

その1か月後の4月23日の再訪であった。昼休みに同校の正門をくぐった私は、「しまった、学校が休日だ。訪問日をまちがえてしまった」と勘違いした。その誤解は校舎に入り校長室に入るまで続いた。それほど学校が静かだったのである。わずか1か月余りで、どの学校よりも騒然としていた学校がこれほどまでに変化したのである。教室を参観してさらに驚いた。どの子どもも一人になっていない。どの子どもも仲間に助けられ、夢中になって学びに参加している。井津井校長も教師たちも、口々に「まるで魔法にかかったみたいだ」と語っていた。

同様のことは他の学校でも起こってい

た。羽地中学校は、前年度からこの年度にかけて不登校と問題行動を県内で最も激減させていたし、銘苅小学校は副都心の最も経済的に恵まれた子どもたちが通う学校の一つであるが、質の高い学びを求めた授業改革がすべての教師で本格化していた。授業を変えて子どもの学びを変えることによって、教師が変わり、ここまで学校が変わるのである。

学び合う子どもたちから学ぶもの

学校改革を持続させる推進力は、教師よりもむしろ子どもたちである。羽地中学校、中野平中学校、木島平中学校は、この4月で半数近くの教師が異動となって入れ替わった。しかし、それによって改革の進捗が澱むことはなかった。どの学校も、むしろ新しい教師たちと生徒たちを迎えて、改革が新たな勢いを獲得している。どうして、このようなことが実現できるのだろうか。10年ほど前までは、校長が代わり教師の多数が異動すると、学校改革は中断することが多かった。しかし、この10年間を振り返ると、全国で数千の学校が学びの共同体の改革に挑戦しているが、校長が代わっても教師の多数が異動しても改革が挫折することはない。小学校の中には中断する学校もないわけではないが、中学校、高校で中断する学校は皆無と言ってもよい。なぜだろうか。

その秘密は生徒たちにある。改革の持続を推進しているのは、教師よりもむしろ生徒たちである。これらの学校のすべての教室を参観して、私が何よりも感嘆したのはこの事実である。これまで私は、学びの共同体の学校改革は3段階で進行すると言ってきた。第1段階は、どの生徒にも対応できる教師になる（すべての生徒が学びに参加する）。第2段階は、どの教師にも対応できる生徒になる。そして第3段階は、どの校長にも耐えうる学校になる。この3段階が、改革に挑戦しているほぼすべての学校で実現しているのだろう。

事実、すべての教室を参観するとわかることだが、改革を持続している学校では、教師たちが生徒たちを支えている以上に、生徒たちが生徒たちを相互に支え合い、生徒たちが教師たちを支えている。学びの共同体の学校改革においては、1年目は教師たちが生徒たちを支えるが、2年目以降は生徒たちが教師たちを支えるのである。4月、5月の学校訪問は、そのことが鮮明に見られ、いつも私を驚嘆させる。

その最も象徴的な事例を示しているのが、木島平中学校の生徒たちだった。木島平村では、保育園、小学校、中学校がすべて学びの共同体の授業改革に挑戦している。その成果もあって、かつて荒れに苦しんだ学校とはとても想像できないほど、木島平中学校の生徒は一人残らず杉のようにまっすぐに成長し、季節の移ろいを映し出す細やかな感情とどこまでも探究し続ける透明な知性を育んでいる。学びに専心し、さりげない優しさで学び合う生徒たちの表情と振る舞いはみごとなまでに美しい。しかも一人ひとりの個性が輝いており、教室は学びの真摯さと学び合う歓びに満ちている。こういう学校に勤務し、こういう生徒たちと授業を創造し、自らの研鑽に励む教師が幸福になるのは、しごく当然である。

教師たちを支える子どもたち

一方、すでに6年以上改革を持続してきた元吉原中学校、中野平中学校、八風中学校では、誰もが安心して学びに専念しており、生徒たちの安定感にもとづく質の高い学びへの挑戦が行われていた。6年から10年も持続して改革を推進してきた学校には、改革の年数の浅い学校とは少し異なる安定感と教育の質の深化が認められる。その根底にあるのが、聴き合う関係にもとづく生徒たちの学びの作法の確かさであり、教師たちの細やかで丁寧な授業づくりと同僚性に支えられた授業協議会の質の高さである。

振り返ってみると、4月、5月に訪問した学校の提案授業は、いずれも秀逸であり素晴らしかった。創意に満ちた実験によって「位置エネルギー」と「運動エネルギー」の概念を用いて、二つの異なる傾斜とループを通過する二つのビー玉の速度の違いについて説明させた羽地中学校の「運動とエネルギー」の授業。バルサ材の棒を使って四角柱の骨格をつくり、その強度実験を行って、最も強い構造の秘密を探らせた中野平中学校の技術の授業。玉ねぎの内側と外側の細胞を比較して、玉ねぎの成長が細胞の数の増加によるのか、一つひとつの細胞の量的成長によるのかを観察し推論させた木島平中学校の生物の授業。菊池寛の時代小説の短編「形」をテクストにした元吉原中学校の文学の授業。これらはいずれも、授業者の独自な創意による教材開発と教材研究によってデザインされた授業であり、しかも教科書レベルよりもはるかに質の高い学びに挑戦した授業であった。

さらに言えば、これらの学校における提案授業の質の高さもさることながら、授業検討会の協議の質の高さも素晴らしい。長年積み上げてきた学校の最大の強みは、教師たちの授業のデザインとリフレクションにおいて共有されてきた洗練されたディスコースにある。授業協議会では、一人ひとりの生徒の学びに関するリフレクションが細やかに提示されるとともに、それらの具体的な事実の検証にもとづいて、次の授業のデザインに生きる知見が教師たちの間で共有され蓄積されている。この教師たちに共有されている授業のデザインとリフレクションのディスコース・コミュニティが、改革の新たな挑戦を準備し、改革の持続を確実なものとしているのである。

それにしても、どの学校を訪問しても、すべての教師が「佐藤先生に授業を見てもらいたい」という熱い期待を抱いていることに恐縮してしまう。どの教室もわずか5分たらずの参観しかできないのに、毎年、その5分間を励みにして授業の改革に挑戦し続け、公開研究会の日を心待ちにしている教師たちは尊敬に値する。私自身は、わずか5分たらずの教室の参観であるが、お一人お一人の教師の1年間の歩みを想像しながら、どの教室においても提案授業の観察以上に多くのことを学びながら、精一杯の誠意で参観しているつもりである。

かつて私は4月、5月の学校訪問と教室の参観に不安をもって臨んでいたが、今はどの月よりも心ときめく経験になっているし、どの月よりも多くの事柄を学ぶ機会になっている。改革の始動と継続の生徒と教師の姿の一コマ一コマから学ぶことは限りなく豊かである。

「学力向上」にどう対応するか

驚異的成功

２０１４年６月14日、まだ梅雨があけない沖縄県宮古島の北小学校を訪問した。宮古島への訪問は初めてである。宮古島への訪問は、７年前に大津市で開催した「授業研究セミナー」の宴会の席で同校に勤務していた徳山さんたち４人の教師と訪問を誓い、一昨年（２０１２年）、沖縄本島の国頭中学校の公開研究会で同校の平良隆校長と出会って訪問を約束して以来の念願であった。

宮古島は台湾と沖縄本島との中間に位置し、サンゴ礁に囲まれた美しい島である。産業の中心は観光、人口は約５万人で20の小学校と16の中学校がある。北小学校は市役所の真向かいに所在する中心的な学校の一つであり、児童数は２８１人、南島らしいコロニアル風建築の日本一長いと言われる広々とした廊下を擁する校舎である。その校長室を訪問するとすぐに平良校長は、「学びの共同体」の3年間の経緯を穏やかな声で熱っぽく語った。「すごいです。学力向上で教育の是非を見てはいけないのですが、学力の向上が信じられないほどすごいのです」

平良校長が提示した県の学力テストの現在の6年生の調査結果を見ると、平成23年度（3年生当時）の国語Bは「マイナス13点」、算数Bは「マイナス5点」であったのに対して、平成26年度（6年生）では国語Bは「プラス22点」、算数Bは「プラス8点」へと飛躍的に向上している。実に、国語Bの平均点で35点、算数Bの平均点で13点も向上している。A問題（基礎問題）で見るとプラス5点ほどの向上だが、B問題（応用発展問題）での飛躍が著しい。

この結果は学びの共同体の学校改革を推進している学校において共通している。学びの共同体の改革を推進している学校では、ほとんどの学校が改革を開始して2年後、3年後にB問題においてプラス10点、20点という飛躍的な学力の向上を達成する。それにしても、北小学校の「プラス35点」という結果は素晴らしい。これまで「プラス50点」以上という「奇跡」を示した学校も経験したが、それにつぐ快挙である。なぜ、学びの共同体の学校改革と授業改革においては、このような飛躍的な学力の向上が実現するのだろうか。

平良校長は「協同的な学び合いの授業の推進とジャンプ問題の設定を追求した結果ですね」と語る。そのとおりである。しかし、今やグループ学習は、どの小学校、中学校、高校でも授業改革において導入されている。グループ学習を導入したからといって学力が向上するわけではない。なかには、グループ学習を導入して学力を低下させた学校も少なからず存在する。北小学校の訪問によって、改めて、なぜ学びの共同体の学校改革において飛躍的な学力向上が実現するのかについて考えてみた。

学力向上の秘策

学びの共同体の学校改革における学力向上の秘策はどこにあるのだろうか。何よりも重要なことは、学びの共同体の学校改革と授業改革が「学力向上」を目的としていないことにある。このことはきわめて重要である。学力向上を目的にした学校で学力向上を達成した学校は驚くほど少ない。なぜだろうか。学力向上は「結果」であって、「目的」ではないからである。学びの共同体の学校改革と授業改革においては、学力向上を目的とすることを厳しく戒めてきた。学校教育の目的は、一人残らず子どもの学ぶ権利を実現することと、学びの質を高めることにある。その目的と結果を混同してはならない。私たちは、一人残らず子どもたちを学びの主権者として育て、誰もが安心して学べる環境をつくり、協同で高いレベルの学びに挑戦し、一人残らず夢中になって学べる授業を創造することを改革の中心課題に設定してきた。その結果、他の学校では見られない飛躍的な学力向上が達成されているのである。この目的と結果を逆転させてしまうと、改革は根幹から崩れてしまうだろう。

したがって、私たちは学力が向上した結果から改革の実践の確かさを実感するが、たとえ学力が向上しなくても落胆はしない。誰もが夢中になって学び、協同でジャンプする学びを追求している限り、学力の向上は必ず近い将来に実現するからである。

数千校を超える改革の経験から、次の事柄が明らかになっている。一つは、学力の向上には時間がかかるということである。学びの共同体の改革を推進すると、どんなに荒れた学校でも問題行動はほぼ皆無となり、退学者や不登校の数も激減し、一人残らず学びに参加する教室が実現する。この変化は、早ければ数か月、遅くとも1年ほどで達成される。しかし、学力の向上はそうはいかない。通常、2年から3年、遅い場合は4年から5年を必要としている。（事実、私が関わった学校で最も学力を向上させた学校の場合は、改革に着手して6年後に飛躍的に向上した。）

二つ目は、学力の向上は徐々に進行するのではないことである。学力向上は、あるとき一

円の面積の公式を探究する。

気に実現する。これは興味深い現象である。子ども個人を見ても、学校単位に見ても、あるいは教室単位に見ても、学力の向上は、長い準備期間（潜在的期間）を経て、一気に向上する。したがって、即効的効果を求めてはならない。じっくりと長期的効果を展望して臨まなければならない。

三つ目は、これが最も重要な事柄だが、学力の向上はB問題（応用発展問題）から飛躍的に向上し、次にA問題（基礎問題）が向上する。一般の常識とは逆である。一般には、まず基礎学力が向上して次に発展的学力が向上すると想定されている。しかし、事実は逆である。全国学力調査の結果をつぶさに検証しても、学力の向上を達成した学校の多くは、先にB問題の学力が向上し、それに続いてA問題の学力が向上している。学びの共同体の改革においては、この傾向はいっそう顕著に現れる。学びの共同体の改革を推進した学校では、通常、改革に着手して2、3年後にB問題が10点から20点ほど飛躍的に向上し、それに引っ張られるようにA問題の学力が向上する。逆のパターンの実例は見られない。この教育学的に興味深い事実は、子どもの学力は思考探究の能力の向上によって基礎的な知識や技能も獲得されることを示している。したがって、どの授業においてもジャンプの協同的学びを組織することが重要である。私は、低学力に悩む学校や教室であればあるほど、教育内容のレベルをあげてジャンプの協同的学びを推奨するが、それもこの事実によっている。

もう一つの教訓として、学力向上においては下位層と上位層の「二段ロケット」を飛ばすことが重要である。学びの共同体の改革では、第一段階として下位層の学力が上昇して平均点を下から持ち上げるように学力向上が達成し、第二段階として上位層の学力が上昇して平均点を上から引き上げるかたちで学力向上が推進される。この「二段ロケット」を想定する必要がある。もし二段目のロケットが飛ばなければどうなるか。そういう学校や教室では、学力向上はとどまってしまうか、あるいは再び低学力へと転落してしまう。これらが、これまでの数千校の改革から得られた教訓である。現在、どの県も「学力向上」の大号令によって学校は汲々とした状態に追い込まれている。その結果は悲惨である。上記の教訓から明らかなように「学力向上」の大号令によって生じることは学力の悲惨な崩壊でしかない。その愚に陥らないためにも、私たちは「学力向上」を目的とするのではなく、学びの質を高める授業づくりを粛々と推進しなければならない。

子どもは思考探究の能力をもっている

北小学校の公開研究会では、4年の東風原宏樹先生の教室で「いろいろな四角形」の授業、5年の新垣郁枝先生と根間大輔先生の教室で「百年後のふるさとを守る」の授業、6年の濱川法子先生の「いろいろな形の面積」の授業が公開された。どの教室でも子どもたちの間に聴き合う関係がしっかり形成され、ジャンプの課題では夢中になって学び合う子どもの姿が見られた。何よりも印象的であったのは、学年を追うごとに、子どもたちの思考と探究の能力が育っていることである。円の面積の公式を協同的学びで発見し証明する「共有の学び」とそれを応用し発展させた「ジャンプの学び」に挑戦した6年生の子どもたちの学びは素晴らしく、私を含む参観者たちを圧倒させた。弾むように学び合う子どもたちは、教室に探究する数学的ディスコース・コミュニティを現出していた。この6年生の子どもたちが3年間で学力平均を35点も向上させたのは当然の結果である。

北小学校の四つの教室の提案授業を参観して、私は、小学校の授業改革の中心的な課題がどこにあるのかを再認識することができた。ほとんどの小学校の教室で、教師は教科書の内容を詳しく説明し、子どもたちの理解を促して、その理解を十全なものにするために練習問題に取り組ませている。しかし、この授業スタイルは、教師の善意による間違いを犯してはいないだろうか。この授業スタイルは、知識のない子どもに知識をもった教師が教えるという前提に立っている。確かに子どもは知識はもっていないが、思考し探究する能力は備えている。子どもは1歳前後に言葉を獲得すると同時に思考し探究する能力、抽象的思考の能力までも獲得している。しかも低年齢の子どもは一人では思考し探究することはできないが、聴き合う関係によるペアやグループであれば、大人同様に思考し探究することができる。

この協同によって潜在的能力を引き出すことが授業改革の中心課題に設定される必要がある。北小学校の快挙は、このことを私たちに教えている。

持続可能な改革を求めて
―学び続ける子どもと教師―

始まりの永久革命

２０１４年当初この３か月間に訪問した学校は、どの学校も持続可能な改革（sustainable reform）を実現している学校として印象深かった。この３か月で訪問した学校の中で代表的事例をあげると、19年間も改革を持続している茅ケ崎市浜之郷小学校をはじめ、富士市元吉原中学校、田子浦中学校、広島市祇園東中学校、中野市中野平中学校、東大阪市金岡中学校、和泉市鶴山台北小学校、別府市青山小学校、彦根市彦根西高校、茨木市豊川中学校区などは10年以上もしくは10年近く改革を持続し、尾鷲市尾鷲中学校、紀北町井田小学校、八千代市睦中学校、八王子市宇津木台小学校、奈良市登美ヶ丘中学校、伊丹市天神川小学校などは5年以上改革を持続させている学校である。「学びの共同体研究会」のホームページを見ると、この年度（２０１４年度）全国各地の学びの共同体のパイロット・スクールで開催された公開研究会の回数は１千回を超えている。それらの学校のほとんどは、毎年度、改革の原点に戻って「始まりの永久革命」を持続してきた学校である。それらの学校の子どもたち（生徒たち）、教師、保護者たちには心からの賛辞と敬意を表したい。

学校の改革は絶望的なほど困難な事業である。特に、学びの共同体の学校改革は、全体的で構造的な改革であり、他のどの学校改革よりも複雑で困難な改革である。その困難な改革を持続している学校は、どのような要件によって持続可能性を現実化しているのだろうか。

改革の持続可能性を実現している学校の多くが、その地域の最も困難な学校であることも重要な事実である。最近訪問した学校で例をあげれば、尾鷲市の尾鷲中学校（神保方正校長）は、１９８０年に校内暴力で対教師暴力で24人の生徒が警察に検挙された事件でテレビと新聞で大々的に報道された学校であり、全国の中学校の校内暴力の発火点となった学校として知られている。その後も30年近く県内で最も困難な学校と言われ続けた学校だが、５年前に学びの共同体の学校改革を開始して問題行動はゼロとなり、一人残らず生徒たちが学びに夢中になる授業を実現し学力の向上も達成した。この尾鷲中学校のような学校は、全国で数百校を超えるだろう。

新しく挑戦した学校で印象深い学校も多数ある。たとえば、先日訪問した横浜市の汐入小学校、川崎市の野川小学校は改革を開始した段階であるが、「魔法」とも呼べる変化を生み出している。汐入小学校は横浜市の３００を超える小学校の中で最も困難と言われてきた学校であり、野川小学校も川崎市の１００を超える小学校の中で最も困難と言われてきた学校である。これら困難を抱えてきた学校の地域は、いずれも経済的、社会的、文化的に貧困な地域であり、教師の予想を超える苦難を日々背負って育っている子どもたちが多い。それらの学校では日々途絶えることのない事件に追われ、教師たちは献身的な努力で疲弊しつくしている。それらの学校の子どもたちや教師たちや保護者たちにとって学びの共同体の学校改革は、子どもと学校と地域の将来を託す希望であり、そしてそれを実現することは「魔法」である。そのような「魔法」が現実化していることが何よりも喜ばしい。

たとえば、汐入小学校（井津井公次校長）を、10か月前に最初に訪問したとき、教室を参観して何度も涙がこみあげてしまった。あまりに一人ひとりの子どもの背負いこんでいる不幸が重すぎることが感じられ、その苦難に満ちた境遇に絶句し共感してしまった涙である。そのわずか10か月後の公開研究会で同校を3度目に訪問して、一人残らず子どもたちが学び合い、支え合い、夢中になって学び合う姿を目の当たりにして、どの教室でも感

夢中になって学ぶ汐入小学校の子どもたち。

動の涙がこみあげてきた。

最初の訪問で、この子はこれからずっと小学校でも中学校でも高校でも笑顔を見せることはありえないだろうと思った二人の女の子が、どちらも明るい笑顔で夢中になってグループ活動で学び合っていた。私自身も「これは魔法だ」と思い、同時にこの二人の学びの幸福を実現してきた仲間の子どもたちと学び育ち合う関係を細やかな配慮でつくりだした教師たちの姿に感動し、彼らへの尊敬と感動で涙ぐんでしまったのだ。どの教室でも、教師たちはテンションを下げて、繊細さがにじみ出る配慮で子どもたちのケアし合う関係を築き、一人ひとりの学びへの思慮深い省察と判断で誰もが学びの主人公になれる教室を創造していた。

その結果、早くも不登校の児童はゼロ、地域の警察や児童相談所への相談件数もゼロとなり、学力の面でもどん底から国語B（発展問題）は全国平均を上回る驚異的な向上も達成した。もちろん、教師の授業のデザインや、ジャンプの学びはまだ不十分な部分を残しているが、来年度あるいは2年後には、この飛躍的な学びの向上はさらに達成されて「魔法」の真価を発揮するだろう。同校の子どもたちが卒業後に通う寛政中学校（加藤裕之校長）も今年度から学びの共同体の学校改革に着手しているのも喜ばしい限りである。このように新しく改革に着手した学校においても持続可能性は準備されている。

同僚性の持続可能性

この15年間、私が最も驚いていることの一つは、学びの共同体の学校改革の持続可能性である。たとえば中学校と高校の改革において、開始した学校で中断した学校はほとんど存在しない。特に中学校において途中で中断した学校はわずかであり、私が知っている事例では、いずれも校長が独断で警察を導入したため、生徒と教師、保護者と学校、校長と教師の間の信頼関係が一挙に崩れた学校である。そのほか、2千校近くに達する学校で中断した学校はほとんど存在しない。中学校と高校の驚くべき持続性の秘密は、生徒たちによる圧倒的な支持にある。中学校や高校の改革は、教師たちが一人残らず生徒たちの学びを支えるところから出発するが、1年後、2年後からは生徒たちが生徒たちの学びを支え、教師たちの授業実践を生徒たちが支える関係が生まれて持続する。

ところが、小学校ではそうはいかない。小学校そして高校（一部の中学校を含む）の改革の持続性における困難は同僚性の構築にある。なぜ、同僚性の構築は、学校において困難なのだろうか。

同僚性の構築が困難な学校、同僚性が崩壊してしまう学校には共通点がある。同僚性の崩壊や困難の原因をたどっていくと、どの学校でも校長や教頭の問題に帰着する。一部の教師だけに依存し、校内の教師全員を信頼していない校長や教頭、「あの教師たちがやらないから学校が変われないのだ」と心の中で一部の教師たちを責めている校長や教頭のいる学校では、教師たちは分断され不信のまなざしで管理され、同僚性は育ちようがないし、教師たちは不幸な職場生活を余儀なくされる。（当然、そのとばっちりは生徒に及び、生徒たちは荒れだし、学びに背を向け、学校は困難な状況へと突入する。）

校長や教頭が、子どもたちや教師たちのためにではなく、自分自身の名声や自分自身の個人的な信条のために学びの共同体の改革に挑戦する学校も少数だが存在する。改革に着手して同僚性が築けない学校の多くは、このタイプの学校である。そして近年は、このタイプで改革を混乱させてしまう校長が以前よりも増えているのが現実である。このタイプの校長や教頭は、外から見ると改革に熱心に見えるが、その欺瞞は教師と生徒たちが最もよく知っている。この弊害をどう除去できるのか、これからの課題である。

学び続ける子どもと教師

改革の持続可能性を実現した学校を訪問すると、学び合う子どもたちと教師たちの姿がしなやかで自然体で無理がなく、しかも美しい。その美しさの土台にある子ども一人ひとりの学び合いと育ち合いの素晴らしさと教師たちの授業づくりへの一途な願いが何よりも私の心を打つ。そして子どもへの尊敬、教師への尊敬の感情が内側からこみあげ、私の仕事を励ましてくれる。その瞬間に気づくのだが、学校改革の持続可能性は、私自身が訪問した学校の子ども一人ひとりを尊敬し信頼すること、教師一人ひとりの仕事を尊敬し可能性を信頼することにあると思う。この尊敬と信頼の感情を持ち続ける限り、私は、どんな学校を訪問しても、そこでどんな困難に直面しても、じっくりと的確な見通しを立てて、改革の実現を支援できるだろう。そう反省すると、改革の持続可能性の実現は、私自身の学びと変革にあることがわかる。

どの子どもも一人にしないこと、どの教師も一人にしないこと、どの校長も一人にしないこと、そして一人ひとりの個性と多様性を尊重し、相互の違いから学び合うこと、そして、どんな条件においても「質の高い学び」の創造の旗を下げないこと、これら一つひとつの実践が、これまで学びの共同体の学校改革を支えてきた。「質の高い学び」の創造は、どの学校においても、改革の持続可能性の最大の保障である。どの改革も順風満帆で進行するわけではない。毎年度いつも改革の原点に戻って「始まりの永久革命」を持続すること、そして、改革のヴィジョンと哲学をいつも洗練させ、小さな変化の事実を尊重し合うこと、さらに短期的な変化に一喜一憂せず、粛々とそれぞれができる実践を積み上げてゆくこと、子ども一人ひとりの可能性を信じ、同僚の仕事に敬意をはらって同僚との学び合いを愉しみ、教師という仕事のミッションを大切に守り合うこと、その根をしっかりとはることが改革の持続性を確かにする。

学び続ける子どもは決して崩れないし、学び続ける教師だけが教職の幸福を享受することができるのである。

第3部

アジアに広がる学びの共同体

疾走する中国における学校改革のヴァイタリティ

改革のエネルギー

２０１２年５月２日から６日、中国の重慶、成都、上海を訪問し、多数の教育改革者や教師たちと交流した。この10年近く、毎年１～３回は中国各地の大学と学校を訪問してきたが、重慶と成都は初めての訪問である。いつもながら、疾走する中国の教育改革の活力は素晴らしい。

最初に訪問した重慶は、北京、上海、天津と並んで直轄市である。重慶は、古くから長江（揚子江）の要所として繁栄し、人口は何と３２７６万人、カナダと同程度の人口である。おそらく世界最大の都市である。これまで私が訪問した大都市は、メキシコシティが人口２４００万人、上海が人口１４００万人、北京が１２５０万人であるから、それらと比べてもはるかに巨大である。

重慶と成都からの直接的な誘いは前年からである。この二つの都市において、私の著書を愛読する教師と教育研究者は多く、一度、彼らと交流する機会をえたいと思っていた。今回の招聘は、重慶にある西南大学（旧西南師範大学）と成都市教育委員会と成都教育科学研究所である。重慶と成都との間は、かつては鉄道で10時間以上を要したが、現在は新幹線によって2時間半に短縮している。5月の連休の短期間で、重慶、成都、上海の三つの都市における講演、重慶における学校調査が実現した。

西南大学教育学部は、北京師範大学、華東師範大学、東北師範大学と並んで、中国の師範大学の四つの拠点の一つである。今や16の学部・学科を擁する広いキャンパスにも驚いたが、それ以上に教育学部の構成に驚いた。西南大学教育学部は、教師教育を目的とする学部であるが、学部学生は３００人程度であるのに対して、大学院学生はその10倍の３０００人に達するという。この傾向は、北京師範大学、華東師範大学、東北師範大学においても共通しており、この数年来、中国の大都市の教師は急速に修士号の取得者が多数派を占める状況へと移行している。疾走する中国における教育は、このように教師の教育レベルの大学院化として進行している。

しかも、中国の教育大学院の院生たちの向学心と能力は高い。中国では、大学生はすべ

西南大学附属小学校の美術の授業。

て学内の学寮で生活し、アルバイトは法律的に禁じられているから、勉学に専念する学生ばかりである。西南大学の学生・院生たちの姿を見ながら、私は、学生・院生の向学心と能力の高さに比して大学教員の教育と研究のレベルが低いことが、日本を除くアジア諸国の深刻な問題の一つであることを痛感していた。中国の場合、何といっても文化大革命が学問研究に与えたダメージは計り知れないほど大きい。もともと学問・芸術・文化の伝統の厚い国でありながら、今なお学問研究の遅れは回復していない。そのことが第一級の学生・院生たちを抱えながら、爆発的な大学進学率の上昇に伴う大学教育の質の危機を生み出している。とはいえ、中国の学問研究の急激な発展も著しい。前年、世界の「ノーベル賞級の第一線の学者」を一堂に集める「北京論壇」（北京大学主催）に招待されたが、そこで印象深かったことは、かつては「50年はかかる」と言われていた文化大革命による学問研究の遅れは、わずか20年ほどでほぼ回復してきたことである。その自信が「北京論壇」の会場を埋め尽くしていた。

西南大学教育学部においては、大学院学生を対象に「21世紀の学校と授業改革＝学びの共同体をめざして」と題する講義を行った。講義会場は、定員500人きっちりの参加者だった。最も驚いたのは、参加した院生のおよそ3分の2が何らかの私の本を読んでいたことである。しかも、かなりの院生は『カリキュラムの批評』『教師というアポリア』『学びの快楽』（世織書房）という私の三部作の中国語版まで読んでおり、講義のあとの質問では専門的で高度の質問が続出して、私が応答に苦労する場面もあった。頼もしい限りである。

テクノロジーの神話

重慶訪問の2日目、西南大学附属小学校を訪問した。この小学校は児童数が2400人、校門をくぐると、小学校1年から3年までの1200人がグラウンドで、4年から6年の

1200人が屋上で、業間体操を行っていた。中国の小学校は健康維持のために午前中に全校一斉の業間体操を行い、その後、視力が低下しないための目の体操を各教室で行い、昼食後には1時間半程度の昼寝の時間がある。この業間体操には「カンフー」の動きも取り入れられ、子どもたちは愛らしく、その姿を見るだけでも興味深い。

同校では1年生、2年生の国語と音楽の授業を1時間ずつ参観し、4年生の英語と5年生の美術の授業も参観した。どの授業も日本よりも教育内容のレベルが高い授業であったが、北京市や上海市でこれまで参観した授業よりも授業のスタイルは伝統的であった。授業改革の進行は、中国全土において地域ごとに跛行的であることを再認識した。

何よりも印象深かったのは、授業におけるテクノロジーの浸透が著しいことである。どの教室にも電子黒板が備えられているのは、都市部の学校として当然としても、どの授業もデジタル教科書が使用されているのは驚きだった。数か月前、台湾の学校においてデジタル教科書がどの教室にも一挙に浸透している状況を耳にしたことがある。中国も例外ではないようだ。西南大学附属小学校の授業改革の中心テーマが「創造性の教育」とともに「教育テクノロジーの活用」におかれていることもあるが、その徹底ぶりには驚いた。何と、小学校4年の英語の授業では、教師は、エアロビクスのインストラクターがつけているヘッドマイクとベルト付きスピーカーを身にまとって、すべてその音声で授業を行っていた。

こうなると、教室は、まるでテレビのスタジオのようである。

デジタル教科書による授業において、教師は次々と電子黒板の場面を映し、その場面で提示される課題を子どもたちにやらせることになる。テクノロジーは授業の便利な道具であるが、その道具を扱う教師の授業観を外化し拡大して再生産する。もしテクノロジーを扱う教師の授業観が保守的であれば、その授業はいっそう保守的になり、もしテクノロジーを扱う教師の授業が革新的であれば、その授業はいっそう革新的になる。デジタル教科書に関する限り、これまで国内外で参観した授業においては保守性が拡大再生産されるものが大半であった。

中国をはじめ、アジア諸国の教育では、デジタル教科書にしろe-learningにしろ、どうしてこうも「テクノロジー神話」が支配してしまうのだろう。前述の「北京論壇」の教育学者の会議でも、北京大学をはじめとする中国の参加者が「テクノロジー神話」を無批判に受容しているのに対して、欧米と日本（私）の参加者の誰もが教育における「テクノロジー神話」に懐疑的かつ批判的であったことが思い起こされる。そもそも、デジタル教科書はアジアの教育市場において特徴的に流布しているのであり、e-learningにしても技術やソフトの開発はアメリカを中心に進んでいるが、欧米の大学ではほとんど活用されず、アジア諸国や中南米やアフリカで積極的に活用されている。つまり、「教育テクノロジー」

は、それ自体、植民地主義の商品として機能しているのである。

日本でも近年、デジタル教科書をめぐる議論が盛んだが、日本の教師たちは欧米諸国の教師たちと同様、デジタル教科書の有効性に対して懐疑的である。それは、現時点では賢明と言うべきだろう。1時間中テレビを見るような教室にすることは、日本のように授業の創造性を実現できる教師の遂行すべきことではない。電子黒板は、デジタル教科書以外の用途として活用されなければならない。西南大学附属小学校への訪問は、そう深く思いをめぐらす格好の機会となった。

改革のうねり

成都では四川料理の火鍋に舌鼓をうち、成都市とその周辺地域の革新的教師たちの熱狂的歓迎を受けた。講演会場に到着すると、何十台も貸し切りバスが止まっているのに驚いた。これらの教師たちは朝6時に家を出て3時間以上もかけて「学びの共同体」の講演を聴きに来たのである。すべて自主的参加というのに、会場は1200人を超える教師たちで埋まった。3年前、西安を訪問したときも、そうであった。1000人の会場に3000人も駆けつけ、ほとんどの人は会場の外でスピーカーによる講演を聴いてくれた。

「学びの共同体」の学校改革は、それほど熱いまなざしを中国の教師たちから寄せられている。

来年度の再訪を約束して、講演が終わると上海へ移動し、翌6日、上海師範大学を会場として「学びの共同体」の講演会が行われた。この講演会は雑誌『当代教育家』の編集主幹である李振村さん、なかなかの切れ者であり企業家である。世界から「著名」（？）な教育学者を招聘して高額の参加費の講演会を開催し、その講演を雑誌に編集して収益をあげている。通常なら、この手の講演会は断るのだが、親友である朱永新さん（中国教育学会副会長）の紹介で彼と一緒に承諾した。

当日は、中国全土から100人の教育長が参加したのをはじめ、600人の会場が熱気で埋め尽くされた。同日、私の5冊目の翻訳書『教師的挑戦』（華東師範大学出版会）が出版されたこともあって、多くの人が「学びの共同体」に熱い関心を寄せてくれた。疾走する中国の学校改革の活力は想像を超えている。

韓国における革新学校による改革ネットワーク

熱い韓国の夏

２０１２年度も学校改革の炎が熱く燃える韓国の「学びの共同体」研究会に参加した。この年の年次研究会は、８月14日、全羅北道の道都の全州《チョンジュ》市で開催された。全州は、百済以来の歴史的景観を残した街、その一角は両班《ヤンバン》の家屋が保存された有名な観光地である。ビビンバを代表とする屈指のグルメの街でもある。全州市が開催地になったのは、全羅北道のキム・ハクサン教育監（教育長）が「学びの共同体」の学校改革の熱心な支援者であるからである。

「学びの共同体」の年次研究会は、今年で3回目、1か月前にインターネットで参加者を募集したところ、わずか３日間で定員の１１００名を超える希望者が殺到した。約7割が

「学びの共同体」の改革を推進している教師たちであり、約3割がこれから着手しようとしている教師たちである。韓国で教師が自主的に手弁当で研究会に参加することは稀有のことである。その韓国で「学びの共同体」の改革は、これほどの盛り上がりを示している。

その背景には、2010年、京畿道のキム・サンコン教育監（当時）が最初の「革新教育長」として当選し、その後、韓国全土の8割の学校の地域において合計6人の「革新教育長」が誕生した事情がある。6人の「革新教育長」は連帯して、子どもと教師の人権を擁護する宣言を発し、李明博《イミョンバク》政権の保守的官僚的教育行政に対抗して教育の民主的改革を推進している。彼らは韓国全土に400を超える「革新学校」（改革拠点校）を建設し、「創造性」と「革新」を標語とする教育改革を推進しているが、「学びの共同体」の学校改革はその中心勢力であり、最も成功している「革新学校」のネットワークである。

韓国学びの共同体研究所代表の孫于正《ソンウジョン》さんは、私の教え子であり、東京大学大学院教育学研究科で博士号を取得した後、新羅大学の准教授、釜山大学の教授、政府政策秘書官を歴任した後、韓国学びの共同体研究所を設立し、その代表として年間200校を超える学校を訪問して学校改革と授業改革を支援してきた。孫さんのヴァイタリティあふれる活動なくしては、今日の韓国の学校改革は語れないだろう。彼女は韓国において教師たちに最も信頼されている教育学者である。彼女と国境を超えた同志として学校改革と教育研究を協同できる私は幸福である。

韓国で「学びの共同体」の学校改革が爆発的に普及している基盤には、新自由主義政策の犠牲となっている子どもと教師の厳しい現実がある。「学びの共同体」が最も普及している京畿道の小学校では、近年、校内の盗難事件が後を絶たない。盗まれるのは制服、そして冬には靴と手袋である。給食の時間だけ通学してくる貧しい子どもたちもいる。一人残らず子どもの学ぶ権利を実現して質の高い学びをどの子にも保障すること、および、学校を民主化し自由で創意的な教育実践を創出することが、学校改革の喫緊の課題となっている。その熱い使命感と希望が、今年も熱い改革の炎となって全州市の年次研究会へと結集した。参加者は定員の１１００名を超える１２００名以上、北朝鮮との国境地域から最南端の地域まで韓国全土の教師たちである。

質の高い授業の創造

年次研究会はキム・ハクサン全羅北道教育監の熱烈な挨拶から始まり、私の講演に続いて、「教育庁における学びの共同体による授業改革の支援」「聴き合う関係と発問による学びの共同体づくりの小学校の実践」「学びの共同体における協同的実践の意義と可能性」「授

分科会で授業事例を協議し合う韓国の教師たち。

業が変わる・学校が変わる―教師の実践記録」の合計四つの実践報告が行われた。午後は、会場を移して21の分科会に分かれ、ビデオ記録による授業事例の協議会がもたれた。21の分科会は中学校の授業事例が最も多く、小学校の事例、高校の事例が続く。今年の特徴は、提示される授業実践がほぼすべての教科にわたっていることと、その質の高さにある。2年前の第1回、昨年の第2回のときは、分科会で提示される実践事例の質に多少の不安がつきまとったが、第3回の今年は、どの授業事例も高いレベルに到達しており、その前進は目を見張るものがあった。当然、協議は活発であり、どの分科会を垣間見ても、教師たちの真摯なまなざしとその目の輝きが印象的であった。いったい、どうしてこれほどの前進が可能になったのだろうか。

その秘密は、この1年間の韓国学びの共同体研究所の活動にあった。孫于正さんは韓国各地の学校を訪問する傍ら、創造的実践を推進する先進的教師たちを「スーパーバイザー」としてネットワークで組織してきた。その数はこの年には65人に達していた。彼らは、各地の学校で「学びの共同体」の学校改革と授業改革を推進している指導的教師であり、近隣の教師たちの実践を支援しているスーパーバイザーである。この年の研究会はほぼすべての企画と運営が、この65人のスーパーバイザーたちによって担われた。年齢的には40歳代から60歳に及ぶ彼らの士気と熱意は高く、彼らの実践的見識も確かである。授業実践の創造は教師を育てるが、この数年間の韓国の教師たちの成長は目を見張るものがある。

授業実践の質の高まりを象徴していたのが、最後のセッションの全体会で提示された京畿道ピリョン中学校のジョ・ヒュンガク教諭による化学の授業「周期律の秘密を探る」（中学2年）であった。周期律表については韓国でも高校で教えられ、中学校の教材ではない。しかし、周期律は化学の理解において根幹に位置する内容であり、中学生の物質の理解においても到達しうる内容である。

授業はまず、さまざまな物質（水素、窒素、鉄、銅、ニッケルなど）の特徴を4枚のカードで示して似通った性質に従って配列した表の空欄に未知の物質の特徴を示した8枚のカードを配列する課題を小グループの協同的に学ぶことからスタートした。この「共有の学び」は教科書レベルよりやや難しい課題であったが、どのグループも試行錯誤はあったものの、15分程度ですべての生徒が作業を完了させている。

ジョ先生が卓越した教師であることは授業の開始直後の情景から明白であった。言葉数が少なく、一言ひとことが染み入るように一人ひとりの生徒に届いている。ジョ先生が授業の開始を告げるだけで、コの字型の教室に柔らかで緊張感のある学びの場が生み出されている。その真摯な生徒の様子からジョ先生が優しく生徒に接し、どの生徒からも深い信頼と尊敬を寄せられていることがわかる。おそらく、この授業と同様、日々の授業においてジョ先生は高いレベルの「ジャンプの課題」を準備しているに違いない。何人も困難な生徒はいると思われるのに、どの生徒も積極的に授業に参加している。期待通り、小グループの協同的学びに入ると、どの生徒も夢中になって学びに没頭していた。

「共有の学び」が終わると、続いて「ジャンプの学び」である。一人ひとりの生徒に「原子の構造と周期律」と「周期律表」の二つの図表が配られ、「周期律表」における元素の配列の仕組みについてわかったことを五つ以上発見して記述する課題である。率直に言って、私は「このジャンプの課題は高すぎるのではないか」と疑ったのだが、生徒たちはそれまで以上に一人ひとりが夢中になって協同的学びに没頭し、「番号の順番に質量も大きくなっている」「周期律表の右側には金属が並び、左側には非金属が並んでいる」「元素番号と原子の番号とは対応関係がある」「下にいくほど陽子の数が多い」「性質の共通性が周期律表では階段状に表れている」など、次々と「周期律表の秘密」を解読していった。まさに圧巻と言ってよい授業であった。

ジョ先生の提示した授業ヴィデオとそれをめぐる協議は、熱い改革の息吹で包まれた研究会のフィナーレにふさわしい企画であり、満場の鳴り止まぬ拍手が彼の授業実践への賛辞として捧げられた。

歴史的事件から改革の展望へ

翌8月15日、研究会の成功を導いた65人のスーパーバイザーは「学びの共同体研究所」の全国代表者会議を開催し、各地の学校の実践を交流した。彼らのヴァイタリティあふれる改革の報告を聞きながら、私は、この2日間の出来事が「歴史的事件」であることを痛感していた。

これまで韓国の教育の歴史において、学校の改革と授業の改革がこれほど大きなエネルギーによって遂行されたことがあっただろうか。さらに言えば、これまでの韓国の教育改革は、日本の植民地時代も解放後の戦後においても常に中央政府主導のトップダウンで行われてきた。これまで教師たちが立ち上がって、自らの手で学校を改革し授業を改革してきたことがあっただろうか。そう考えると、韓国全土に200を超えるパイロット・スクールを建設し、数万に及ぶ教師たちが参加している学校改革のネットワークは、まさに「歴史的事件」と言ってよいだろう。この爆発的普及がいっそう根を深く広くはるためには、今後、哲学と思想と理論における進展をはかる必要がある。

8月16日、京畿道教育庁を訪ね、キム・サンコン教育監（当時）と会談し、いっそうの連帯を確約した。キム・サンコン教育監は、韓国の学校教育の革新と教育の民主化の闘いの先頭に立つ象徴的存在である。そのもの静かな闘志に触れ、彼の見識ある確かな言葉に触れて、今起こっている教育の民主化が決して一時的なものにとどまらないことを確信した。韓国の夏は、今年も熱い。

インドネシアにおける学びの共同体の改革

南の島の改革の息吹

２０１２年９月２日から４日間、インドネシアを訪問し「学びの共同体」の学校改革の現場を訪問した。インドネシアにおいて「学びの共同体」の学校改革が着手されたのは10年前、ＪＩＣＡ（国際協力機構）のプロジェクトにおいてであった。先鞭をつけたのは現在シンガポール国立教育研究所の准教授である齊藤英介さんである。以後、毎年、インドネシアからＪＩＣＡのプロジェクトに参加する教育行政官、大学教授、校長、教師の数十名が日本を訪問し、「学びの共同体」の学校を訪問し、私の主宰するワークショップに参加してきた。８年前からは、元富士市立岳陽中学校長の佐藤雅彰さんが毎年１か月現地の学校を訪問してＪＩＣＡのスタッフと協同で改革の拠点校を築いてきた。私への訪問依頼は６年前から受けてきたが、健康上の事情や日程調整から応じられず、今回が最初の訪問である。

ジャカルタで開催された講演会において教育省のムハンマド・ハッタさんが宣言したように、ＪＩＣＡのプログラムに協同して「学びの共同体」の授業研究を推進している学校はインドネシア全域で６００校に達している。これだけの広がりは「学びの共同体」が国家政策に採用されたことが背景となっているが、何よりも10年間にわたって学校現場を支援してきた佐藤幸司さん、津久井純さん、高沢直美さんをはじめＪＩＣＡの協力スタッフの地道な努力に負うところが大きい。今回の訪問も、これらＪＩＣＡの協力スタッフと佐藤雅彰さん、数年前から協力している村瀬公胤さん（麻生教育研究所）、それにロンドン大学大学院でインドネシアの教育を研究している草彅佳奈子さんが同行した。

まずジャカルタで「学びの共同体の授業改革と学校づくり」の講演会が行われ、インドネシア全域から約２００名の教育行政官と校長と教育系大学の関係者が参加した。約半数はこれまで日本の「学びの共同体」のパイロット・スクールを訪問した人々であり、全国各地で改革を主導している人々である。昨年、東京大学で開催した世界授業研究学会（ＷＡＬＳ）の大会の参加者も多く、私自身念願の訪問がかなった歓びと歓待してくださった人々の歓びが重なり合って、素晴らしい交歓の場となった。

インドネシアは「多様性の統一」を掲げる国である。アメリカ合衆国の国土にも匹敵する広域に大小1万6000の島々があり、言語も文化も異にする約490の民族が一つの共和国を形成している。インドネシア訪問の第一印象は、その歴史の複雑さと文化の多様性と奥行きの深さである。改めて、スカルノをはじめとする独立運動の指導者たちの偉業を思い、そして現在、世界一の経済成長率を遂げる社会変革のスピードの速さに驚嘆した。この国においては、経済と同様、教育もまた激変の中にある。

授業改革の進展

インドネシアにおいて「学びの共同体」の改革が最も積極的に取り組まれているスメダン県のジャティナンガー中学校を訪問して、中学校2年生の数学の授業を観察し授業研究協議会に参加した。単元は「関数（集合と写像）」の導入、授業者はベテランの女性教師トゥリさんである。教室に入ると、39名の生徒たちが男女混合4人組の小グループ10組に分かれて座っていた。イスラム圏なので女子は数名を除いてスカーフ姿である。地方の町なので素朴で実直な印象の生徒ばかりである。

授業の展開は、最初に5人の生徒の名前と四つのスポーツの名前を提示し、二つの集合

インドネシアの教室の学びの風景。

で示して対応関係を線で表す課題から出発した。このねらいは「関係」の概念を明確化することにある。集合Aの要素に対して集合Bの要素が1対1の対応関係にあることの確認である。生徒たちは一人残らず学びに参加しており、しかも通訳をとおして理解する限り、数学的推論につながる言葉が織り込まれた学びになっている。

続いて、トゥリ先生は、それぞれ五つの数が記入された集合Aと集合Bの組み合わせを三つ示し、それぞれの集合間の「関係」を式で示す課題を提示した。示された三つの集合の組み合わせは(1)A（1、2、3、4、5）B（2、4、6、8、10）、(2)A（-1、1、-2、2、-3、3）B（1、4、9）、(3)A（2、3、4、5）B（2、4、6、8、10）

である。⑶の対応は複雑であり、Aの2はBのすべてに対応し、Aの3はBの6だけに対応し、Aの4はBの4と8に対応し、Aの5はBの10だけに対応している。この課題については⑶について、多少時間を費やすグループはあったものの、グループ間の交流によって、すべての生徒が達成することができた。この課題をとおして、トゥリ先生は「関係」と「写像」の違いについて説明している。

そして最後に「ジャンプ」の問題として、集合Aと集合Bの二つの対応関係を線だけで示した図を何組か提示して、そのどれが「写像」の関係にあるかを議論させている。多元的な集合Aの各要素に対して集合Bの要素の一つが対応するときが「写像」の関係にあり、逆の場合はたとえ「関係」はあっても「写像」とは言えないことを確認する課題である。

この授業を参観して、授業記録のDVDでの観察に限られているが、これまで10年間にわたって参観したインドネシアの授業の事例のどれよりも、この授業が質の高い学びを実現していることに感動を覚えていた。明治以来の授業研究の伝統をもち、大正期以降の学びを中心とする授業づくりの伝統をもつ日本とは異なり、インドネシアにおいて教師たちが授業研究を開始したのは、わずか10年前である。そのインドネシアにおいて、現在、授業研究は教師の専門性の開発の最も有効な方法として普及し、協同的学びを中心とする授業の改革が大規模に推進されている。その着実な前進の事実が、この授業において体現されていたのである。

授業研究協議会においても、すべての教師が発言し、どの教師も生徒の学びの事実を具体的に指摘していた。もちろん、教師たちの発言のいくつかは、生徒の学びの否定的現象だけに着目する意見もあり、学びの事実の省察は印象的なものが多かったが、その難点も今後授業研究協議会の回数を重ねるたびに改善されていくだろう。ないものねだりであるが、学習科学の知見がもっと教師たちに浸透するならば、より細やかにより深く教室の学びの事実が浮き上がっていくに違いない。その意味で、インドネシア教育大学のスマール・ヘンダヤナ教授が、この授業の随所をデジタルカメラで撮影した映像を示しつつ、授業の批評を行ったのは説得力があった。

改革の展望

最終日の9月5日、バンドゥン市のインドネシア教育大学において開催された「国際授業研究会議」において基調講演（「日本の授業研究の歴史的背景と現在」）を行った。同大学は、インドネシアで最も活発に授業研究を推進している大学であり、2014年には

WALSの大会を開催することを決定している。

この講演とシンポジウムには、インドネシア教育大学の教育研究者と大学院生に加えて、ケニアからの参加者8名がスペシャルゲストとして参加した。ケニアからの参加者も、アフリカに授業研究を普及させるために、同大学に客員研究員として招かれている。

講演において私は、世界で着目されている日本の授業研究が、どのような社会的勢力によってどのような歴史的展開を遂げ、どのような課題に直面して現在にいたっているのかについて講述した。残念なことに、授業研究の世界的普及の突破口となったジム・スティグラーの『ティーチング・ギャップ』(1999年)は、教育行政が指定研究校の制度によって推進している授業研究しか紹介していない。しかし、日本の授業研究は単一の様式ではなく、それ自体が多様であり、私たちが推進している「学びの共同体」の授業研究は大正期以来の子ども中心主義の系譜に立ち、現在、最も活力ある授業研究の推進力になっている。その多様性と革新性をインドネシアの学校改革において知っていただきたかった。

講演は期待以上に好評であり、シンポジウムにおいては専門的な質問が続出した。なかでも印象的だったのは、教師たちの授業研究を援助し支援する教育研究者のあり方について、参加者の多くが強い関心を寄せていたことだった。教育学研究と教育実践とは、どのような関係にあればいいのか。教育研究者と教師との協同はどのような関係にあるべきなのか。そして大学はどのような教員養成と現職教育を行えばいいのか。それぞれ切実で重要な問題がシンポジウムにおいて議論された。私は「教師を指導する教育研究者ではなく、教師から学ぶことのできる教育研究者が一人でも多く必要である」ことを強調したのだが、そのコメントには会場全体から拍手が鳴り響いた。どの国においても切実な課題は共通している。

講演とシンポジウムを終えて、スカルノの偉業の一つ、１９５５年のアジア・アフリカ会議の会場を訪問した。植民地の独立運動の集約点としてアジア・アフリカの29か国の代表がこの地に集まり、世界平和の実現を誓い合った。その歴史の記憶の余韻を回顧しつつ、日本への帰路についた。インドネシアの10年間の「学びの共同体」の改革は、国家政策になったとはいえ、ＪＩＣＡの支援は今年度で打ち切られ、来年度から新しい段階へと突入する。これまでのような日本からの財政支援と人的支援は望めないが、改革の種は着実に芽を吹いており、その努力も期待以上に結実している。今後の進展に期待したい。

燃える台湾の学校改革

爆発的普及

台湾の新学年の始まりは9月、その末週に台北市と新北市と新竹市を訪問した。今秋（2012年）、台湾では「学びの共同体」が爆発的に普及している。私の最初の翻訳本『学習的革命』（親子天下出版）が出版されたのが4月である。同書は発売直後ベストセラーとなり、1週間で1万部を完売した。それからわずか5か月間で台湾の教師の6人に1人が同書を購読したという（2015年現在まで20万部販売）。これまで台湾には学会講演で5度訪問したが、アジア諸国の中で最も改革が遅れた国という印象しかなかった。その台湾で、なぜ、これほどの爆発的普及が生じたのだろうか。

その背景は、2014年から「義務教育12年制」が導入され、学校現場は否応なく改革を迫られていることにある。「義務教育12年制」とは、高校まで授業料無償の義務教育にすることであり、この制度改革によって義務制から免除される10％程度の進学校を除いて、すべての高校入試が廃止されることとなる。いつまでも受験中心の教育から脱出できない状況を克服するために政府がとった強行策である。この制度改革を直前に控えて、これまで受験体制に依存してきた小学校、中学校、高校において学校改革は喫緊の課題となり、その危機感は教師たちを授業改革へと向かわせた。天下出版が実施した教師の意識調査によれば、95％の教師が学校を改革する必要を表明している。この調査は同時に、65％の教師がどう改革していいかわからないとも回答している。そこに私の著書により「21世紀型の学校」としての「学びの共同体」のヴィジョンとその哲学が提案され、「これこそ希求する学校、希求する授業」という爆発的普及を呼び起こしたのである。

最初の講演会は9月26日、台北市教育局の協賛を受けて天下出版が主催した。この講演会は参加予約の開始後数日で定員800名の受け付けを完了し、予約なしで押しかけた500名近い参加者のため、ロビーに大型テレビと椅子が並べられた。前日の新北市教育局が企画した校長のワークショップには定員30名に対し申し込みが500名を超え、200名を受け入れて講演と質疑応答が行われた。さらに9月27日の新竹市の講演会も1000名の定員に対して1200名が参加する盛況であった。これらの講演会の盛況は連日、新聞とテレビで報道された。台北市で講演会が行われた日は、台湾の漁師の船団と海洋巡視艇が尖閣諸島を領域侵犯した日であり、各新聞は第1面でこの記事を報道したが、どの新聞も文化教育欄は半ページを割いて大きな写真入りで私の講演を報道し、「学びの共同体」の改革への希望を報じていた。韓国、中国、シンガポール、香港、インドネシア、ベトナムと比べると、台湾における「学びの共同体」の普及は5年から10年近くも遅れているが、その遅れを凌駕する勢いである。

パイロット・スクールの建設

台北市、新竹市の教育局は「学びの共同体」を学校政策として導入し、9月からそれぞれ15校のパイロット・スクールを開設した。そのほか、台北市の丁亜雯教育局長の呼びかけに市内26校中16校の高校が「学びの共同体」の改革の意思を表明したという。

9月25日の朝、台北市のパイロット・スクールの一つ台北市立国語実験小学校を訪問し、授業を参観し授業協議会を教師たちと実施した。同校は児童数が2000名を超える大規模校であり、揚美伶校長は6月に日本を訪問して、富士市の田子浦中学校、茅ヶ崎市の浜之郷小学校などの「学びの共同体」のパイロット・スクールを視察している。優秀さがに

台北市立国語実験小学校の授業風景。

じみ出る美貌の女性校長という第一印象であったが、その時、彼女は自分の学校の規模の大きさから「初年度に3分の1で導入するか、全校一斉に導入するか」に悩んでいた。その悩みを聞きながら、私は、小学校では彼女の学校が最初の成功的なパイロット・スクールになることをひそかに予感していた。私の予感は的中し、同校は9月から揚校長の英断により、全校一斉で「学びの共同体」を導入していた。その出発の見事さは、朝の朝会における100名を超える教師たちの私への歓迎ぶりで明らかだった。すごい校長である。

提案授業は、6月に揚校長に同行して日本のパイロット・スクールを訪問した呉莉娟さんが5年生の教室で「台湾の自然地理」

を題材として行われた。コの字型に机が配置された教室である。この配置にしてまだ1か月であるが、どの教室においても子どもたちには好評だと揚校長は語る。教師たちも最初は戸惑いもあったが、学びを中心とする授業への転換には有効であるとどの教師も認識してきたという。

呉さんは最初に台湾各地の自然の美しさを航空写真で伝える15分のＤＶＤを提示した。子どもたちは台湾の名所50箇所の自然の景観を映像でたどり、その特徴をワークシートに書き込んでいく。この課題が第一の小グループの協同的学び（共有の学び）であり、個人作業の協同化として展開された。約15分の学び合いは、とても導入して1か月たらずとは思えないほど素晴らしい。子どもたちが「学びの共同体」を歓んで受け入れていることは明らかである。その課題の達成を全体で確認した後、呉さんは「これほどの多様な自然の景観が台湾に生まれた理由について考えよう」というジャンプの課題を提示した。こうして第二の小グループの協同的学びが展開された。子どもたちは教科書や資料集を活用して夢中になって学び合っている。この協同的学びも約15分である。私にとって印象深かったことは、学力が低いと思われる子どもたちが集まったグループにおいて一人ひとりの学びが最も達成されていたことである。そのグループでは、どの子もほかの子に「わからない」と問いかけて対話的な学びを成立させていたのである。

呉さんは、日本のパイロット・スクールの視察によって、自らの授業のヴィジョンを確かなものとしていた。彼女のポジショニング（居方）の素晴らしさとテンションをさげた選ばれた言葉、それと的確な学びの課題のデザインによって、台湾において最初の「学びの共同体」の提案授業を行った。この授業の課題は教科書レベルをはるかに超えており、最初とは思えない質の高い授業であった。

提案授業の後は、5年の学年部の教師による授業協議会が行われ、日本のパイロット・スクールと同様、授業協議会も学外の参観者に公開された。15名ほどの教師たちは、それぞれの小グループを担当し一人ひとりの子どもの学びをつぶさに観察して、「どこで学びが成立し、どこでつまずいたのか」を一人ひとりの子どもに即して語り合っている。この授業協議会も、最初とは思えないほど質の高いものであった。揚校長のリーダーシップはさすがである。何より授業研究を心から愉しんでいる教師たちの姿が素晴らしい。

改革の展望

なぜ、これほど台湾の教師たちは「学びの共同体」を熱狂的に受け入れたのだろうか。新北市の校長ワークショップと新竹市の講演会をとおして、その秘密がわかってきた。新竹市の講演会では、会場を埋め尽くす教師たちが感動で涙を流しながら話に聴き入る姿を壇上から確認して驚いた。「絶望の中に希望を見いだした」。この言葉がどの会場でも数多くの教師たちから伝えられた。新自由主義の教育改革と競争と評価に追い立てられる官僚主義的な教育行政のもとで、教師たちは絶望のどん底にあったという。

台湾全土ではすでに数百校に及ぶ学校が「学びの共同体」の挑戦を開始したと言われる。短期間の訪問で、その事実を確認することはできなかったが、この勢いでいくと、近いうちに数千の学校で改革が始まることになるだろう。

この爆発的普及は私個人の力によるものでは決してない。私の本の出版前に、多くの教育研究者たちが大陸の中国で翻訳出版された私の著作を読んで、「学びの共同体」のヴィジョンと哲学の普及を行ってきた。特に、東京大学大学院で私の先輩であった歐用生さん、台北市立教育大学教育学院長（当時）の陳麗華さん、東京大学大学院で私の指導で博士号を取得した台中教育大学学長の揚思偉さん、6月に教師たちに同行して日本を訪問して私と知り合った台湾師範大学准教授の陳佩英さんの尽力は大きい。歐さんは台北教育大学の学長を経験した台湾を代表するカリキュラム研究者であり、10年ほど前に浜之郷小学校を訪問して以来、毎年のように日本各地の「学びの共同体」の学校を台湾の校長や教師と共に訪問して普及に努めてきた。陳麗華さんも数年前に彼女の大学で開催された教科書問題の国際シンポジウムにおいて知り合って以来、何度も日本の「学びの共同体」の学校を教師たちと訪問して普及の礎を築いてきた。台湾師範大学の陳佩英さんは「学びの共同体」のフェイスブックを立ち上げ、数百人の校長、教師たちとのワークショップと実践交流を進めている。さらに、彼女は来秋、台湾の教育学会、批判教育学会、カリキュラム学会などの連合による「学びの共同体」の国際シンポジウムを企画中だという。

最終日の午前、東京大学の稲垣研究室の後輩である林曼麗さん（元故宮博物院院長、現在台北教育大学教授）が台北教育大学に創設した美術館を訪問し、オープニング企画の台湾近代美術の源流の展覧会を観た。東京美術学校（現東京芸術大学）に学んだ人々による台湾近代美術の戦前戦後の歩みが一望できる素晴らしい展覧会であった。

その作品の一点一点が、日本の植民地支配から蔣介石の国民党の支配にいたる台湾の人々の抑圧され屈曲した歴史のうめき声を表現していて、思わず涙を誘われた。台湾人の解放への希求、そのマグマが教育改革の根源的エネルギーを形成しているのだろう。改革の源流は複雑で深い。

韓国の学びの共同体を訪ねて

熱い夏の研究会

２０１３年の８月も熱い夏の日々を韓国で経験した。第４回を迎えた学びの共同体夏の研究集会が光州市で開催され、約１１００名の教師が韓国全域から参加した。光州市への訪問は２度目である。光州市は35年前の１９８０年に韓国の民主化の発火点（光州事件）となった象徴的都市であり、４年前の訪問によって同市は韓国における学びの共同体の拠点の一つとなった。

韓国の学びの共同体の夏の研究会は、第１回が京畿道、第２回がソウル市、第３回が全州市において開催され、いずれも革新教育監（教育長）の支援によって開催されてきた。この年度も光州市の張方彩教育監（当時）の支援を得ている。７年前から全学校の８割を占める地域で6人の革新教育監が誕生し、彼らが推進する革新学校として学びの共同体の学校改革は爆発的普及を遂げてきた。その後300校近い学びの共同体のパイロット・スクールが誕生しているが、その多くは革新学校として支援を受けている。光州市の教育政策の標語は「幸福の追求」であり、この年度の夏の研究会は「授業を変える、学校が変わる」をテーマとして開催されたが、随所で「幸福追求の教育」のあり方が議論された。

韓国における学びの共同体のネットワークの中心に孫于正《ソンウジョン》さんがいる。孫さんは東京大学の私の研究室で博士の学位を取得した後、韓国の新羅大学の准教授、釜山大学の教授、政府政策秘書官を歴任し、7年前から学びの共同体研究所長の仕事に専念して韓国全域の授業改革と学校改革を支援している。その活動は驚嘆に値する。彼女は年間一日も休みがないほど、学校を訪問し教室の授業を参観して教師たちを励まし続けてきた。今では彼女は、韓国で教師と教育行政の人々に最も信頼され尊敬されている教育学者である。

孫さんの歩みは、韓国における学びの共同体の改革の進展そのものと言ってよい。孫さんが学びの共同体の改革を韓国で開始した最初の5年間はすべてが失敗続きであった。孫さんから何度も「韓国では無理ではないか」という絶望の声を聞いたことが思い起こされる。しかし、孫さん自身が教師への信頼と可能性を見出してから、絶望は希望へと転じた。代案スクール（オールタナティブ・スクール）の代表校であるイーウー学校が最初のパイ

ソンファ女子高校の授業風景。

ロット・スクールとして成功を収め、同校を訪問し観察した公立学校の教師たちが、各地域で学びの共同体の授業づくりと学校改革を開始した。そして盧武鉉《ノムヒョン》大統領の諮問委員会による私の招待講演、全国主要地域の革新教育監による革新学校創設という追い風を受けて爆発的とも言える普及を遂げてきたのである。

　同行した日本のスーパーバイザーの永島孝嗣さん（麻生教育研究所）が興奮して語ったように、「韓国の学びの共同体の改革は日本より熱く、教師たちの真摯な実践は驚嘆に値する」。私が何よりも恐縮するのは、多くの教師が、孫さんの翻訳による私の著書（5冊）をぼろぼろになるまで読み込んでいることである。「すべて暗誦していて何ページの何段落目には何が書いてあると言える」と語る教師も少なくない。それほど学びの共同体の改革は、韓国の教師たちの希望を育て、教育現実をつき動かしている。

質の高い学びの創造

この日は、午前に張教育監と孫さんのスピーチの後、私の基調講演が行われ、午後は25の分科会に分かれてビデオ記録による授業の事例研究、そして全体会で提案授業をビデオで視聴した後、授業者と私と孫さんの鼎談による授業研究が行われた。

前年度以来、韓国学びの共同体研究所は約80名のスーパーバイザーを組織している。この教師、校長たちはいずれも教育の見識においても実践においても卓越した方々である。スーパーバイザーの実践力と熱意と誠実さと連帯の強さにおいては、韓国の学びの共同体のネットワークは、日本を凌駕していると思う。

このスーパーバイザーたちが選んだ25本の授業記録は、いずれも質の高い学びを実現していた。日本で16年間をかけて達成された学びの質が、韓国では5年余りで達成されていた。韓国の教師の力量水準は高い。

特に、全体会で提案されたヤン・シェンヒョンさんの中学校3年の国語の授業「世の中に知らせる―映像言語の特性」は素晴らしかった。「教育とは何か」をイメージのモンタージュで構成した約2分の映像を視聴して、そこに込められたメッセージを読み取る学び(共有の学び)と、「教育とは何か」を自分たちで映像言語で創造するコンセプトを探究する学び(ジャンプの学び)で、授業がデザインされていた。つぶさに観察すると、さまざまな困難を抱えている生徒が多いにもかかわらず、ヤン先生のもの静かで洗練された言葉によるコミュニケーションによって教室全体が柔らかな空気に包まれ、4人グループの学び合いは聴き合う関係を基礎にして夢中になって知的な探究を遂行する学びを実現させていた。

翌日は、同じ光州市において約80名のスーパーバイザーの研修会がもたれた。この研究会で中心的に議論された話題は三つ、一つは最近韓国で推進されている「教科の統合カリキュラム」の動向に対する批判的検討、二つ目は学びの共同体の協同的学びの理論的基礎となっているヴィゴツキーの「発達の最近接領域」についての論争問題、三つ目は「ジャンプの学び」をデザインする教師の授業研究のあり方についてである。このうち一つ目の統合カリキュラムの批判的検討は韓国の固有の問題であるが、あとの二つの論題は、韓国のみならず学びの共同体を推進している各国の教師たちが共通に直面している課題である。今後の国際交流の必要性を痛感した研修会であった。

改革の広がり

光州市における夏の研究会とスーパーバイザーの研修会を終えて、翌日、大邱《テグ》市に移動した。大邱市は韓国の南部の人口250万人の都市、私にとっては初めての訪問である。大邱市は政治的には保守的な地域であり、教育監は革新教育監ではないが、学びの共同体の学校改革に深い理解を示し、教育監の主催で私の講演会が開催された。

大邱市では講演に先立って二つの学校を訪問した。一つは慶北大学校師範大学附設中学校であり、もう一つは私立のソンファ女子高校である。両校とも、この年の4月から学校ぐるみで学びの共同体の授業改革を開始しており、校長と教師たちから改革の手応えが語られ、実践を進めるうえでの質問が寄せられた。この二つの学校の対比が私には興味深かった。慶北大学校師範大学附設中学校は、植民地時代から師範学校附属学校としてのエリート学校であり、朴正熙《パクチョンヒ》大統領が学んだ学校として知られている。他方、ソンファ女子高校は、大邱市において最も貧困な地域にあり、同校は学びの共同体の改革を導入するまでは授業の成立が困難で、学校の存続も危ぶまれる状態であったという。

ソンファ女子高校では、女性教師ウ・チャムトク先生の国語「ハングルの音韻のルール」

（高校1年生）の授業を参観することができた。この授業は圧巻であった。これほど素晴らしい高校の授業を、日本を含めてどの国においても参観したことがないと言っても過言ではない。

教室に入ると、コの字型の机の配置で生徒たちがなごやかな雰囲気で私たちを待っていた。誰もが安心して学び合える穏やかな空気が授業の前から教室には漂っていて、これから始まる授業への期待が高まった。ウ先生の語りは、とても静かで慈愛に満ちている。授業が始まり、この穏やかな空気と期待感は、ウ先生の知的な言葉と生徒一人ひとりの細やかなまなざしによってもたらされているのだとわかる。

授業は二つの協同的学びによってデザインされていた。一つ目はハングルの音の形態素における第一音と第二音の組み合わせによる第三音の変化を、さまざまな言葉で確かめる学び（共有の学び）でありワークシートを使ったグループ学習によって進められた。二つ目はそれらの音韻変化の事例を分類し、その特徴を発見することにより音韻変化のいくつかのルールを発見する学び（ジャンプの学び）である。無意識に使っている母語に埋め込まれたルールを発見し定式化する学びは、かなり高度なジャンプを要する課題である。ルールを教えて応用させるのではなく、日常無意識で話している多様な言葉における音韻変化を意識化させたうえで、その中に隠されたルールを発見させるという授業のデザインが素晴らしい。

生徒たちの夢中になって学ぶ姿と明るい笑いに包まれる学び合いの姿はとても美しく、感動的であった。

授業者のウ先生は教職30年を超えるベテランである。数年前から、孫さんが韓国各地で行っている授業研究会と講演において、どこであろうとウ先生は最前列で参加していたという。

あまりに熱心な参加者なので、孫さんが「なぜ、これほど熱心に参加されているのですか」と声をかけたのが今回の訪問の契機となった。ウ先生は、経済的文化的に不遇な生徒たちを前にして授業が成立しないことを深く悩み、退職を決意するほどであったという。そこで出会ったのが、学びの共同体の改革であった。

韓国の学びの共同体の改革に参加している教師たちの多くが同様の経験を語る。絶望を転じて希望の火を燃やす。そこに韓国の学びの共同体の改革のすごさがある。

台湾の学びの共同体を訪ねて

爆発的な普及とその背景

２０１３年８月19日から24日、台湾を訪問し、台中教育大学、嘉義市教育局、彰化県教育局、南投県教育局、台中市教育局において、学びの共同体の学校改革に関する講演を行い、二つの学校を訪問し授業を参観した。台北市に到着して直後、遠見出版社を訪問して、10月出版予定の『学校見聞録』（黄郁倫訳、原著出版小学館）の宣伝プロモーションのインタビューとビデオ撮影を行い、黄郁倫さんから親子天下出版から出版されたばかりの『学校を改革する』（黄郁倫訳、原著出版岩波書店）を受け取った。同書は、日本の学びの共同体のパイロット・スクールを映像ドキュメントとして編集したＤＶＤと台湾での学びの共同体の実践を伝える小冊子を一体化したセットと、『学校を改革する』単体の２種類が販売されている。手にとって驚いたのは、その本の帯文である。台湾は22の教育行政区に分かれ22人の教育長がいるが、教育長全員が同書の推薦者として名前を掲げていた。

台湾では10年ほど前から、少数の教育学者によって学びの共同体の改革が紹介されてきたが、爆発的普及を遂げたのは、２０１２年春、私の著書『学習的革命』（黄郁倫訳、親子天下出版）が出版されてからである。同書は、３冊の岩波ブックレット『学びから逃走する子どもたち』『学力を問い直す』『習熟度別指導の何が問題か』と小学館で出版した『学校の挑戦』の一部と学会誌の諸論文の合本である。発売直後から同書は新聞、テレビ、雑誌で取り上げられ、またたく間に「教師の４人に１人が読者」と言われるほど普及、同書は２０１２年度のアジア出版大賞（ＡＰＡ）ノンフィクション部門の大賞次賞も獲得した。

２０１２年秋の台北市、新北市、新竹市における親子天下出版主催の講演会では、どの会場も場外に教師たちがあふれ出し、講演会の模様は新聞、テレビで大々的に報道された。この講演はちょうど台湾漁船が尖閣諸島を襲った当日であったが、各新聞とテレビはトップニュースで尖閣諸島問題を報じ、それに次ぐニュースとして私の講演を報道した。その結果、台北市、新北市、新竹市、嘉義市、台中市の教育局が学びの共同体の改革を学校政策とし、台北市では日本のパイロット・スクールに教師たちを派遣する費用として、年間５千万円を計上している。

なぜ、学びの共同体の学校改革は、これほどの関心と反響を呼び起こしたのだろうか。その要因として、台湾では他の諸国と比べて授業改革が遅れ、一斉授業が支配的であるため、ほとんどの教室で子どもの学びが成立しない状況が生まれていたこと、受験学力からの脱皮をほとんどの教師と親と子どもが求めていたこと、そして何よりも2014年から実施される12年義務教育制度の実施により、高校入試が一部を除いて廃止されることが決定し、その対応が学校と教師に求められていることがある。なかでも高校入試の廃止は、これまで受験の圧力に支えられてきた教師たちに授業の根本的見直しを迫ったのである。

改革の現場を訪ねて

台中教育大学の招聘者は学長の揚思偉さんである。揚さんは東京大学で博士の学位を取得した教育学者であり、彼の博士論文の指導と審査に私も関与していた。その縁もあって、これまでも台中教育大学から何度も招聘の要請があったが、やっと今回実現した。

台中教育大学における講演の対象者は同大学の教員と大学院学生であり、すでにほとんどの聴衆が『学習的革命』を読了していた。この講演では「変わる世界の学校」と題して、グローバリゼーションによって冷戦構造が崩壊して以降、北米、ヨーロッパ、アジア諸国

陳先生の数学の授業。

において教育の「質と平等の同時追求」が改革原理となり、カリキュラムにおいては「プログラム型」（知識の習得・定着）から「プロジェクト型」（知識の活用・思考探究）、授業と学びにおいては「一斉授業」から「協同的学び」、授業研究は「指導案の作成と検証」から「学びのデザインとリフレクション」、教師の性格は「教える専門家」から「学びの専門家」へと変貌している状況を示した。世界各国の改革事例を紹介しつつ講述し、学びの共同体の学校改革が「21世紀型の学校づくりと授業づくり」であることを提示したのである。

講演のあとは揚さんの接待で日月潭の美しい光景を堪能し、翌日、嘉義市を訪問して「協同的学び」を中心に講演を行った。

どこを訪問しても、教育長が改革に対して積極的であり、教師たちも真剣そのものである。どの講演会においても、改革の熱気が壇上の私を圧倒してしまう。前年の台北市、新北市、新竹市の各講演会でも千名を超える教師たちの熱いまなざしが壇上の私をいっそう熱くしたが、今回の講演会も同様である。嘉義市では講演会に先立って学びの共同体の実践校を訪問し、夏休みであるにもかかわらず一つの教室で授業を参観できたのも幸運だった。

その翌日は、南投県教育局の招聘で東光小学校を訪問し、学びの共同体の学校改革について講演を行った。聴衆の教師たちの3分の1は、すでに日本を訪問しパイロット・スクールの参観を経験した教師たちである。この地域では少数民族の子どもや教師も多く、それだけに学びの共同体の改革は着実な成果もあげているし、熱心に取り組まれている。次から次へと発せられる質問も正鵠を得ているものが多かった。

その日の午後は、彰化県の埔里《プーリ》市へ移動し、宏仁中学校で陳冠安先生の数学の授業を参観して、この県の教師たちと授業協議会を行うことができた。

陳先生の数学の授業は圧巻だった。彰化県の教師の中にも日本の学びの共同体のパイロット・スクールを訪問した教師はいるとはいえ、宏仁中学校で改革が始まったのは半年前のことだし、陳先生は日本のパイロット・スクールの視察には行っていない。にもかかわらず、この授業は、ほとんど理想的と言ってよいほどの水準に達していた。その事実に、私も通訳者の黄郁倫さんも圧倒されていた。

この授業は「乗法公式」の授業であった。まず驚かされるのは、教育内容のレベルの高さである。陳先生は、この授業における学びの課題を二つ設定していた。「共有の学び」の課題は以下のとおりである。

$1999^2 + 3998 =$

子どもたちは、男女混合4人グループで一斉に取り組み、約10分後、ほとんどのグループが正解に到達した。子どもたちの学び合いは素晴らしい。聴き合う関係が築けているので、数学の苦手の子どもも得意な子どもと同様、夢中になって学びに参加している。そしてコの字型の配置に戻し、一人の生徒が次の解答を提示し交流と説明が続いた。

$1999^2 + 3998$

$= 1999 \times 1999 + 1999 \times 2$

$= 1999(1999 + 2)$

$= (2000 - 1)(2000 + 1)$

$= 2000^2 - 1^2 = 3999999$

続いて、ジャンプの課題が提示された。nを求める次の二つの問題である。

$2 \times 4 \times (3^2 + 1)(3^2 + 1) = 3^n - 1$

においてn＝？

$n=(2+1)(2^2+1)(2^4+1)(2^8+1)(2^{16}+1)(2^{32}+1)(2^{64}+1)$

これはすべてのグループが正解に到達したわけではないが、これらの難問に一人残らず夢中になって学び合う姿は感動的であった。

授業後、陳さんは7冊の私の著書を抱えてサインを求めてきた。台湾で出版された本は1冊、あとは中国で出版された本のすべてである。そのすべてのページに赤線と付箋紙が詰まっている。これだけ学べば、驚嘆すべき授業が実現しているのも無理ないことである。陳先生の真摯な学びには敬服する限りである。

国際的ネットワークの形成へ

最終日には台中市教育局主催の講演会が開催され、市内の小中学校の校長全員が参加した。学びの共同体の学校改革は台中市教育局の学校政策である。昨年、埼玉大学の北田佳子さんがここに招かれて講演を行っており、私の著書も読んでいたので、すでに全員の校長が、改革のヴィジョンと哲学と活動システムの概要を理解していた。それだけに講演後の質問も、洗練された質問が続出した。

台風が近づくと、台湾は豪雨となる。その豪雨の中、駆けつけてくれた大学院時代の先輩である歐用生さん（元台北教育大学学長）と一緒に松山空港へと向かった。歐さんは、もう10年近く、教え子の校長、教師を引率して日本の学びの共同体の学校を訪問してきた。そして現在、歐さんは台湾の学びの共同体の改革の中心的なスーパーバイザーの一人でもある。歐さんが駆けつけたのは、来年度、高雄市周辺と花蓮市周辺を一緒に訪問することの要請である。それを達成すると、台湾全域の改革のネットワークが実現するという。その要請を承諾し、私の方から歐さんに前日に参観した陳先生の授業の質の高さを伝え、台湾における改革の活況と進展の秘密について尋ねた。歐さんは真っ先に台湾の教師の40歳以下のほとんどが修士号取得者であり、教師の質の高さが改革を支えているという。

２０１３年10月には、私の準備している学びの共同体の国際ネットのウェブ（International Platform for School as Learning Community）が開設された。11月には台湾の教育関連学会が共同主催で学びの共同体のシンポジウムも開催した。数年のうちに、台湾の教師たちがアジア地域の学校改革を主導する一大勢力となることは必至である。

一冊の本で変わった台湾の教育

改革の奔流

「一冊の本が台湾の教育を変えた」。2013年11月9日、台湾師範大学で開催された中国教育学会主催の国際シンポジウム「従内変革（内からの改革）」の開幕式で主催者の張建成理事長はそう発言したという。一冊の本とは『学習的革命』（佐藤学著・黃郁倫訳、親子天下出版）である。同書は、私の何冊かの本（『学びから逃走する子どもたち』『学力を問い直す』『習熟度別指導の何が問題か』『学校の挑戦』）と論文（「学校再生の哲学」）を合本した翻訳書であり、2012年春に出版され、わずか1年で台湾の教師の4人に1人が購入したという。

その出版記念講演会を台北市、新竹市、新北市で行ったのが1年前である。そして再び、台湾北部のこの3都市を訪問し、学びの共同体の改革の爆発的普及の実態を肌で感じ取ることができた。3か月前の台湾中部諸都市の訪問のときは、新しい翻訳書『学校を改革する』（茅ヶ崎市浜之郷小学校の授業風景のDVD付き）が出版され、推薦者として22人の教育長全員が名前を連ねたことに驚いたが、今回の訪問では3冊目の翻訳書『学習革命の最前線』（『学校見聞録』の翻訳）が前著同様、大きな反響を呼んでいた。台湾の教師たちはこの3著のみならず、中国において簡体字で出版された翻訳書『課程と教師』（『カリキュラムの批評』『教師というアポリア』の翻訳）、『学びの快楽』、『静かな革命』（『授業を変える・学校が変わる』の翻訳）を輸入して入手し、各学校で学習会を開いて読破していた。これらの本を暗誦できると語る教師も少なくない。恐縮の限りである。

台湾師範大学の国際シンポジウムにおける基調講演は、全体会場を埋め尽くす参加者の熱気に包まれた。なぜ、学びの共同体の改革は、これほど台湾の教師たちに熱狂的に受け入れられているのだろうか。新聞、テレビ、雑誌の報道では、この爆発的普及は、来年度開始される12年義務教育制度によって高校入試が廃止され、受験教育に代わる授業が教師たちに求められていることが主たる要因と、語られている。しかし、この解釈は妥当だろうか。

台湾師範大学での基調講演を終えて、移動の車の中で昼食をとり、新竹市の精華大学主催の講演会へと向かった。精華大学は、北京の精華大学と同様、理工系のトップの大学であり、そのような大学主催で学びの共同体の講演会が開催されるのは不思議であった。しかし、精華大学においても人文社会系の教授たちが協力して学びの共同体の改革を推進しており、講演会の会場は同大学の教授と学生たちと市内の校長と教師たちで埋め尽くされた。

私が驚いたのは、台湾師範大学の講演においても精華大学の講演においても、参加している教師たちが涙を流して聴いていることである。学術的で理論的な淡々とした講演に対して、ほとんどの教師たちが涙を流して聴いている。その姿を前にして、私も目をうるまさずにはいられなかった。この教師たちは絶望の淵に立って希望を見出したのである。

そのことは連日、講演のあと本にサインを求め押し寄せる500人近い教師たちの希望に満ちた表情に表現されている。絶望の淵から希望を摘み取った感動が教師たちの深い連帯の情を呼び起こしているのである。

翌日の日曜日、台北市教育局は中正高校において公開研究会を開催した。台湾において日曜日に教師の研究会が開催されたのは初めてだという。「誰も参加しないだろう」と噂されていたそうだが、中正高校には350人の教師たちが参加し、高校1年の物理「浮力」の授業を参観して協議会をもち、協同的学びに関するシンポジウムにも参加した。提案授業を行った教師は、これまで二度、日本の学びの共同体の学校視察を経験しており、ほとんど完璧ともいえる授業を行った。アルキメデスの「エウリカ（わかったぞ）」（入浴中に浮力を発見し、王冠の金の比率の求め方を発見したという有名な逸話）の感動を再現する実験として、台上秤の上に水を入れたビーカーをおいて、バネ秤で吊された銅の物体をビーカーの水の中に入れ、台上秤の示す質量とバネ秤の示す質量の変化を観察し、外力と内力、力の作用、反作用によって秤の示す質量を説明する課題が「共有の学び」、そして次にビーカー内の水中に吊す物体を同じ体積のニッケルの物体に変えて、同じ実験を行って二つの秤で測定される質量の比較をとおして「浮力」を外力と内力、力の作用、反作用によって説明するのが「ジャンプの学び」である。生徒たちの学びは実に素晴らしかった。物理が苦手な女子の生徒たちも少なくなかったが、その生徒たちは「ジャンプの学び」においてはできる生徒たち以上に夢中になって学び、アルキメデスの「エウリカ」の感動を追体験していた。

なお、この提案授業においては、私のビデオカメラの映像が体育館の後ろの大スクリーンに映し出され、授業後の協議会においては私がどのように授業を観察しているのか、詳しい説明が求められた。おもしろい企画である。

授業協議会後のシンポジウムでは、台北市の改革の主導者である丁亜雯（前台北市教育局長）、柯華蔵（前国立中央大学教育研究所長）、それに新台北市教育長、台湾政府の「共同学習」の推進者を交えて、「協同学習」の有効性と学びの共同体の学校改革の展望について熱心な討論が行われた。この討論の中で、この1年間、台北市のすべての校長が自ら学びの共同体の授業を校内の教師たち全員の前で提案授業として公開し、改革をリードしていると語られた。すごい展開である。

校長のリーダーシップ

校長自らが学びの共同体の提案授業を行って、学校を内側から改革する取り組みは、台北市を取り囲む台湾最大の都市、新北市においても展開されている。11月11日から13日の3日間、新北市で行われた学びの共同体の研究会は、台湾北部の改革の現段階を知る絶好の機会となった。新北市教育局主催の講演会は、市内すべての校長と副校長と研修主任を対象として企画されたが、その数の4倍以上の1000人が市内だけでなく台湾全土から押し寄せ、2階席まで満杯となった。ここでも参加者の多くが、講演を涙を流しながら聴いていて、私自身も講演途中で涙がこみあげ声をつまらせた。

この講演会には80歳になる元校長の鄭さんが参加していた。鄭さんは学びの共同体のス

新北市の講演会に参加した教師たち。

ーパーバイザーの一人である。彼女は、日本の統治時代に小学校を経験し、蔣介石の戒厳令による統治時代に中学校で学び、女子師範学校を卒業して小学校教師になり、40歳から20年間、校長をつとめたという。校長退職後、台北教育大学の大学院に入学し、台湾において学びの共同体の改革を逸早く紹介し推進した歐用生さん（元学長、東大大学院留学時には私の先輩）のもとで博士課程まで学んでいる。彼女の日本語は驚くほど美しい。これほど美しい日本語を話せる日本人は日本国内にはいないと思われるほどである。蔣介石の統治下にあって戒厳令と北京語の強要を迫られた鄭さんの家族は、家族でひそかに日本語の本と新聞を読み続けたのだという。その鄭さんは「学びの共同体は台湾の教師たちに初めて希望をもたらした」と語ってくれた。「台湾の教師たちは絶望の淵をさまよい続けてきたのです」と。

12日、新北市の大規模な小学校（児童数2000人）の秀山小学校で開催された公開研究会は圧巻であった。秀山小学校は、林文生校長（歐用生教授のもとで博士号取得）の強いリーダーシップにより、全教室で学びの共同体の授業実践を展開していた。この日も、12の提案授業（そのうち五つの提案授業は林校長を含む市内の校長の提案授業）が公開され、12のグループに分かれて授業協議会が行われた。新北市においても、台北市と同様、すべての校長が日本の学校で参観した学びの共同体の実践を、自ら校内で提案授業を行って全教師に改革を促してきたという。台湾の小学校、中学校、高校はその多くが大規模校であり、校長自らが提案授業を行うのが最も効果的という。

12教室の提案授業と各グループの授業協議会を参観して学ぶことは多かった。一つは、大陸の多くの省から移り住み、先住民も共生する台湾では、個人主義が支配的な中国とは異なり、協力と協同の文化が国民性として育っていることである。何よりも感動したのは、一つひとつの提案授業の質の高さもさることながら、3時間近くにわたって行われた12のグループの授業協議会の教師たちの姿である。どの教師も学びに夢中であり、その表情は希望と幸福の感情にあふれている。これは革命以外の何ものでもない。

もう一つは、学びの共同体の実践が台湾の授業を根本的に改革していることである。日本の教師は驚くと思うが、台湾の教師たちはマイクを片手に授業を行ってきた。それほど一方的で騒々しい教室だったのである。学びの共同体の改革は、その台湾の教室からマイクを放逐し、子どもを学びの主権者とし、教師たちを学びのデザイナーとファシリテーターへと変化させた。台湾のすべての教室からマイクが消え去る日は遠くはないだろう。

台湾の改革は、トップダウンとボトムアップの絶妙な接合によって実現している。私は上海市教育局の学校改革顧問を続けているが、中国における学びの共同体の改革がトップダウンの官僚統制によって十全な展開を遂げられない困難を想起していた。台湾の改革は、学校改革におけるトップダウンとボトムアップの弁証法についても学ぶところが大きい。

もちろん、台湾の学びの共同体は、すべてが順風満帆で進行しているわけではない。政府の推進している「共同学習」(cooperative learning) は「話し合い」に傾斜しており、学びの共同体の「協同学習」(collaborative learning) の「学び合い」との混乱を招いているし、近年の教師評価の政策は、改革のアクセルと同時にブレーキを踏む矛盾を引き起こしている。今後、これらのジレンマの解決に協力し、いっそうの改革を見守りたい。

学びの共同体の国際連帯

国境を超えて

2014年3月8日から10日、学習院大学において「第1回学びの共同体の学校改革国際会議」（The First International Conference of School as Learning Community）を開催した。日本学術振興会科学研究費（基盤研究B）「学校改革のアジア・ネットワークの構築—『学びの共同体』の海外発信と国際連携」（佐藤学）による国際会議であり、学習院大学文学部教育学科の共催による国際シンポジウムである。私の当初の企画ではアジア諸国の30名程度の教育研究者の会議を想定していたのだが、当日は、世界10か国（中国、韓国、台湾、シンガポール、インドネシア、ベトナム、ネパール、イラン、イギリス、日本）から180名が参加し、3日間、啓発的な研究交流を実現し心温まる友情の連帯を形成することができた。

私にとっては20年前から抱き続けた夢の日々であった。

この国際会議の特徴は、会議に参加したすべての人が「学びの共同体」の学校改革の実践者であり、研究者であることである。言葉を変えれば、同じ憧れを抱き、同じ希望を育て、共通の経験をもち、共通の喜びと苦しみを体験した人々が、国境を超えて初めて一堂に会したのである。そのことの意味は予想以上に大きかった。初対面で、しかも誰一人母国語を話さず英語で会話するという壁があるにもかかわらず、研究報告や実践報告の言葉は何の障碍も感じられないほど伝わり合い、深い友情と連帯が3日間の会議全体を包み込んだ。

会議の1日目は、私の開幕講演に続いて、東京大学教授の秋田喜代美さんが招待基調講演を行い、午後は、韓国学びの共同体研究所長の孫于正《ソンウジョン》さん、インドネシア教育大学教授のスマール・ヘンダヤナさん、中国の華東師範大学准教授の沈暁敏さん、シンガポール国立教育研究所の齊藤英介さん、台湾師範大学准教授の陳佩英さんの基調報告が続いた。

秋田さんの基調報告は、改革の持続性（sustainability）として学びの共同体の教師の学びを具体的な事例で提示し、「さすが秋田さん」と絶賛すべき講演であった。続く孫さんの基調報告では、「学びの共同体」の改革が韓国の教師たち、特にベテランの50代の教師たちに熱烈に歓迎され、優れた実践を生み出している背景と意味について報告された。

秋田教授の基調講演に聴き入る参加者たち。

孫さんは韓国の学校改革において一時期ブームとなったオープン・スクールの改革と比較して、その理念は共有しながらも「学びの共同体」の改革には「活動システム」があり、思想のブームにとどまらない実践的な哲学があると強調していた。スマールさんは、教室のフィールドワークをとおして教師からも子どもからも学ぶことのできるインドネシアでは稀有の教育学者である。彼の基調講演もその特徴が生かされ、「学びの共同体」の教室の協同的学びにおいて変容する子どもの学びの様相を連続スナップの写真で提示して報告した。

台湾の陳さんの基調講演は、この数年間で彼女が形成した「学びの共同体」の学校改革に参画する教師たちの学びのネットワークを紹介し、その洗練された研究と学びのネットワークの素晴らしさに学ぶところが大きかった。さらに中国の沈さんは彼女の実践から上海において改革に参画する教師の心性に触れる報告を行い、齊藤さんはシンガポールとベトナムの事例から「教育の新植民地主義」への対抗軸として「学びの共同体」の学校改革の意義と可能性について報告した。いずれの報告も、それぞれの国の教育事情を反映して新鮮であり、堅実な実践を基盤としているだけに説得的であり、しかも同様の経験を参加者が共有しているだけにユーモアと感動と笑いを誘うものであった。

教師の言語は授業

会議の2日目は、北京師範大学教師教育研究所長（当時）の朱教授、台湾の淡江大学教授の陳教授、ハノイ教育大学教授のヴ・ソン教授、ベトナムのバクザン市のグェン教育主事、シンガポール国立教育研究所のイエオ研究員、韓国イーウー学校の李教諭、埼玉大学の北田准教授、麻布教育研究所の村瀬所長、帝京大学（当時）のアラニ教授から、それぞれ学びの共同体の研究と実践報告があり、午後は、五つのセッションに分かれて合計23の自由研究発表が行われた。どの報告も研究と実践の示唆に富んでいた。詳しくは、インターネットのウェブサイト「The International Platform for School as Learning Community」をご覧いただきたい。

2日目の会議の夜、韓国からの参加者たちと祝杯をあげていたとき、「今度は教師を中心として国際会議を開きたい」という要望が寄せられた。「それは念願だけれど、言語の壁が厚くて、なかなか構想しづらい」と私が応答すると、もう一人の教師が即座に「教師の言語は授業だから、授業を言語として交流すればいい」と答えた。何と素晴らしい言葉だろう。確かに、そうである。どの国を訪問しても、教師は共通した願いをもち、共通した悩みをもち、共通した喜びと苦しみを抱きながら日々、授業実践を創造している。私は、他国の学校を訪問するたびに、「教師たちは国境を越えた同一の民族である」と感じていた。その私でさえ、「教師の言語は授業である」という認識には到達していなかった。まさに至言と言うべきだろう。このような言葉が即座に出てくる韓国の学びの共同体研究所の教師たちに敬意を表したいと思う。

この言葉を実感したのが3日目の学校訪問であり、海外からの参加者約60名が参加した。訪問した学校は千葉県流山市の常盤松中学校（当時、鈴木康晋校長）である。同校は10年間、学びの共同体の学校改革を持続してきた学校である。導入のきっかけは生徒たちの荒れと深刻な低学力であったが、改革に着手して以来、見違えるほどの学校へと再生した。

今では、教室において誰一人として学びに参加していない生徒はいないし、いわゆる問題行動はゼロと言っていい状況にある。とはいえ、もちろん問題がないわけではない。特に、今年度の1年生は入学時から学力水準が低く、生徒間の人間関係も難しく、生徒たちも教師たちも困難を抱えていた。

訪問団は、日本の学びの共同体の学校において年間全国各地で1000回以上開催されている典型的な公開研究会をまるごと経験することとなった。まず三つのグループに分かれて、全クラスの授業参観を行い、その後、1年生の教室において国語の提案授業を全員で参観し、同校の全教師が参加する授業協議会も参観した。

小出めぐみさんの提案授業「少年の日の思い出」は、「学びの共同体」の教室らしい、しっとりとした柔らかい協同的な学びが生まれる授業であった。特別支援を必要とする生徒たちが多いクラスにもかかわらず、そのことを忘れさせるほど生徒たちは笑顔で学びに参加しており、つぶやきとぼそぼその協同的学びは「話し合い」ではない「学び合い」の素晴らしさを実現していた。

海外からの訪問団の研究者たちが感銘を受けたのは同校の授業実践だけではなかった。提案授業のあとの授業協議会の教師たちの同僚性の素晴らしさも印象深かったという。同校の授業協議会は、最初に教師たちも4人グループをつくって教室の出来事から学んだことを交流し合い、そのあと、グループごとに要点を報告し合って全体で交流する。このスタイルが同校に定着したのは7年ほど前だったと思う。この日は、授業協議会のあと、各国の参加者の感想の交流も行われたが、そこでも教室の学び合いとともに教師たちの学び合いの姿が感動的であったと語られた。

「学びの共和国」へ

閉会の講演で、私は、学びの共同体の学校改革と授業改革の研究において国際的に共有し研究すべき課題として、「協同的学びの理論」「教師の専門性の開発」「授業研究のイノベーション」「学びの共同体の政治的文脈」の四つの研究課題を提示した。第一の「協同的学びの理論」については、すでに私たちの実践が現在の教育研究の水準を凌駕しており、理論的基礎づけが困難な事態が生じている。たとえば、学会の「協力学習」「協同学習」の研究論文では、「ピア・チュータリング」や「スキャフォルディング（足場かけ）」の意義について主張しているが、その主張はどの論文を見ても「優等生」が「劣等生」に教える関係を前提にしている。つまり「学び合う関係」ではなく「教え合う関係」が前提となっている。この例は一例だが、私たちの実践を支える新しい理論と研究が求められている。

「教師の専門性の開発」についても「授業研究のイノベーション」についても同様である。これらの理論研究の課題に応えることは、「学びの共同体」に参加している教育研究者の責務であり可能性でもある。この国際会議で形成された研究ネットワークは、教育研究においても新たな進展を生み出す基盤となるだろう。

私の講演において、最も参加者が「勇気づけられた」「希望を生み出した」と語ったのが、「学びの共和国（Republic of Learning）」の提案である。日本を含むアジアの多くの国々の政治はひどい状況である。このひどい政治状況のもとで、どのようにして一人ひとりの子どもの学ぶ権利を実現し、学校の民主主義を構築し、教師の創造的な自律性と尊厳を擁護できるのか。その一つの可能的な方略として、一人ひとりが学びの主権者となり主人公となる「学びの共和国」を構想しようというのが、私の提案であった。「学びの共和国」は国境を無視したヴァーチャルな共和国である。私たちのすべての地域に「学びの共和国」を建設し、地域を超えて、国境を超えて、小さな小さな「共和国」が連合してより大きな「共和国」としてつながるイメージ。これこそ、この国際会議そのものであった。

創造される革新の伝統

韓国の熱い夏

２０１４年も熱い夏の韓国を訪問した。韓国では、毎年8月中旬に学びの共同体研究会の夏の全国大会が開催される。今年は第5回、江原道《カンウォンド》の原州《ウォンジュ》市で開催された。江原道はソウル市の東北に位置し、北緯38度で北朝鮮と韓国に分断されている地域である。

今年の夏の研究大会は、いくつかの点でエポック・メーキングな大会となった。第一は6月に行われた教育監（教育長）の選挙において、韓国全土17人の教育監のうち13人の革新教育監が選出されたことである。韓国においては地方ごとの教育監が事実上の文部大臣と言われるほどの権限をもっている。教育監の直接選挙が開始されたのは２００６年であった。その最初の選挙において京畿道で最初の革新教育監であるキム・サンコン氏が選出された、子どもの人権宣言と教師の人権宣言が発せられ、民主的な革新教育が推進された。次の教育監選挙では、ソウル市を含む６地域において革新教育監が誕生、４００校以上の「革新学校」（学校改革の拠点校）が全国に建設され、学校改革と授業改革のネットワークが構築された。「革新学校」のネットワークによって学校改革を推進する方略は、２００６年に盧武鉉《ノムヒョン》大統領諮問委員会において私が講演で提言した方略であった。そして、この「革新学校」のネットワークを中心的に組織してきたのが、東京大学大学院において私の教え子であった孫于正《ソンウジョン》さんが代表をつとめる韓国学びの共同体研究所であった。

この年の教育監選挙において、全17人の教育監のうち13人の革新教育監が選ばれることは誰も予想していなかった。むしろ６人の革新教育監が半減するのではないかと危惧されていた。しかし、政治的には保守化が進行する韓国だが、教育においては革新の流れが定着していた。

夏の全国研究大会のもう一つの意義は、この大会が5回目の大会であったことである。5年前、孫于正さんが日本の学びの共同体の夏の研究会をモデルとして韓国の研究大会を企画したとき、誰も研究大会の企画が成功するとは思っていなかった。教師たちが自主的に研究に参加する歴史的伝統を有する日本とは異なり、韓国における教師の研修はすべて公費で開催され、旅費はもちろん、朝食、昼食、お土産付きで開催されてきた。自費によって手弁当で参加する研究会に教師が参加することは誰も想定できなかったという。確かに、韓国の教育の歴史を回顧すると、植民地の歴史と軍事政権の歴史が長く続き、日本の大正自由主義教育や戦後新教育のような民主主義教育の歴史的伝統は皆無に等しかった。その韓国において、学びの共同体の学校改革は新しい一ページを開くことができるのだろうか。

しかし、２００９年、代案学校の拠点校、イーウー学校を会場にして開催された第１回学びの共同体夏の研究大会は、大方の予想に反して、５００人近くの教師たちが参加して熱い連帯が形成された。翌２０１０年、ソウル市の革新教育監の会場提供のもとで開催された第２回の大会は１０００名を超える参加者が結集し、以後、第３回（全州市）の大会、第４回（光州市）の大会もあっという間に定員１０００名を超える申し込みが殺到する盛況を呈するようになった。第２回の大会からは20以上の分科会が設けられ、分科会ごとに質の高い授業実践がビデオで報告され、充実した授業協議会がもたれるようになった。第３回の大会からは、約60名のスーパーバイザーが組織され、スーパーバイザーの協力体制によって大会の企画と運営が行われるようになった。第５回を迎える今年の大会では、スーパーバイザーの数も１００名を超え、彼らの地域ごとの改革の実践の交流によって、内容的にも充実した会となった。

わずか5年で、韓国の学びの共同体の学校改革は、韓国全土に約300校のパイロット・スクールを建設し、日本を凌駕する改革の広がりと実践の高まりを生み出している。その成果は、5周年を記念して出版された佐藤学・韓国学びの共同体研究会編『教師の学び』(Eduniety 出版) の充実した内容に表現されている。

改革のエネルギーを生み出すもの

この年の大会には済州島からも多くの教師たちが参加した。済州島に拠点校が誕生したことで、学びの共同体の学校改革は韓国全土に改革のネットワークを形成したことになる。大会の全体会では、私の講演のあと、四つの地域からの実践報告が続いた。開催地の江原道のボナム小学校の授業改革の報告、慶尚北道のサンジュ中学校の学校改革の報告、大邱《テグ》市の教育委員会から市内の学校改革の報告、慶尚南道の学びの会の報告である。

なかでも大邱市の教育委員会のユン指導主事の報告は圧巻であった。大邱市は韓国で最も保守的な地域であり、大邱市の教育監は政治的には保守的な立場の教育監である。しかし、保守的な教育監であるが、学びの共同体の学校改革については支援する立場を表明しており、昨年、私は同市に招待され450名の教師たちが参加する講演会を開催した。こ

デューイ『民主主義と教育』を読む教師たち。

れが、大邱市の教師たちの改革ののろしの発火点となった。

その後、大邱市の学びの共同体の改革を推進する学びの会の月例会（孫于正さんが講師）には参加者が増え続け、私の講演の半年後には、毎月200名の会場に400名以上が参加を申し込み、半年ごとの研究大会には1000名以上の教師たちが参加するようになったという。革新教育監が教育監の大多数を占める現在、大邱市は、教育監の支持は得ているものの、最も条件が厳しい地域である。その大邱市においても、学びの共同体の学校改革はこれほどの活況を呈している。そのエネルギーはどこから生まれているのだろうか。

韓国を訪問するたびに、私が感銘し知的

に啓発させられるのが、教師たちの真摯な改革への意思と強靭なエネルギーである。これは何によって生まれているのだろうか。全体会の４報告と20の分科会の協議において何度も何度も繰り返された言葉が「ヴィジョンと哲学」という言葉であった。大会に参加した韓国の教師たちは異口同音に「私たちの改革の実践を根底で支えているのはヴィジョンと哲学である」と語る。その意味は深い。

改革のエネルギーを支えているもう一つの要素は理論だと思う。大会を前後して開かれた約１００名のスーパーバイザーの合宿研究会では、この年は全員でジョン・デューイの『民主主義と教育』を読んで討議する学習会が開かれた。教育にとって民主主義とは何か。教育は民主主義の発展にどう貢献できるのか。教育が民主主義的であることの条件は何か。民主主義の破壊に対して教育はどう闘えるのか。それらの主題を日々の実践をとおして語り合う教師たちの姿は素晴らしい。韓国の教育にとって最も大きな不幸は、これらの教師たちに学び、これらの教師たちを支える教育学者が数少ないことである。残念ながら、これほどの素晴らしい教師たちの実践に対して、誤解と偏見による批判（というより非難）を浴びせる教育学者も少なくはない。そのいわれなき非難に耐えるには正確な理論的知識が必要だという。

彼らの改革のエネルギーを支えているもう一つの要素は、革命的と言ってもよいほどの明るさである。この教師たちの明るさは天下一品である。大会を終えた夜の宴会は、毎年ものすごい盛り上がりを見せる。深夜まで（ときには明け方まで）呑み、歌い、踊るのである。いずれも困難な地域で壊れそうな子どもたちに寄り添う繊細な感情を豊かに備えた教師たちである。その細やかな感情で授業実践を創造する教師たちが、驚くほどの陽気さとエネルギーを爆発させて歌い、踊り狂う。いつも宴会の人気ものは、最も貧困な子どもたちと共に生きている「ソウル・シスターズ」と自称する女性教師たちである。コメディアンとして生きていけるほどの芸達者な教師たちである。今年は演歌の替え歌「学校を変えるためには授業を変えなきゃならぬ。人生を変えるためには顔を変えなきゃならぬ」と歌って、会場を爆笑の渦へと誘い込んだ。（韓国では女性の整形手術が流行している。）

国境を超えて

一人残らず子どもたちを学びの主権者として育てること、そして、戦争も暴力も貧困も差別もない民主主義社会を築くこと、学びの共同体の学校改革が取り組んでいるのは、この人類史的とも言える教育の大事業だと思う。この大きな志を胸に秘めているからこそ、私たちは教室の小さな事実、子どもの学びの小さな事実に感動し、同僚の教師たちから学び、日々の授業実践に生きがいと幸福を見出すのだろう。いや、逆の方が真実かもしれない。日々の授業実践において子どもの学びの小さな事実に感動し、同僚の教師たちから学び、日々の教育の仕事に生きがいと幸福を見出すから、私たちは大きな志を胸に秘めて生きることができるのである。

韓国の熱い夏を経て、8月25日、那覇市教育研究所の講演会で会場いっぱいの沖縄の教師たちを前にして、私は韓国の教師たちから学んだ同じ感動を沖縄の教師たちの真摯なエネルギーからくみとっていた。くしくも、この日は全国学力テストの公表日だった。講演の中で、沖縄の学校改革はドラスティックに進展している。その事実を今日全国の人々は知ることになるだろうと語った。

講演を終えて、空港へと向かうタクシーの中で、沖縄の学力が飛躍的に向上したというニュースをインターネットで知った。小学校算数Aは全国6位だという。沖縄の教師たちと歩んできた実感から予測していたことだが、この結果の意味は大きい。学力テストの結果が素晴らしいのではなく、子どもたちの学びと教師の授業改革の実践が素晴らしいのである。

変わるアジアの学校
―学びの共同体の進展

ベトナムへ

2014年9月26日から30日、ベトナムのハノイ教育大学、バクザン省の二つの小学校と省教育局を訪問した。ベトナムへの訪問は初めてである。到着した翌日、歴史博物館（革命博物館）を訪問し、ホー・チ・ミンに関する英語の書籍を見つけて読み、『ディアハンター』『地獄の黙示録』『プラトーン』などの映画で鮮烈に印象づけられた露店街とバイクと自転車がひしめく街並みを探索した。ベトナム戦争が終結して40年。半世紀以上も「自由と独立」を希求して闘い続けた人々の身体の記憶は、今も暮らしの地下水として流れている。その地下水をくみ上げ、学びの共同体の改革はどのように進展しているのだろうか。

ベトナムにおいて学びの共同体の学校改革が着手されたのは2006年である。国際協力機構（ＪＩＣＡ）、さらにはトヨタ財団のプロジェクトによって津久井純さん（国際開発センター）、齊藤英介さん（シンガポール国立教育研究所）、齊藤さんの伴侶のベトナム人のハン・コンさんが中心となり、ハノイ教育大学とバクザン省教育局の協力のもとで地道な活動が展開されてきた。その結果、学びの共同体の学校改革は、２０１３年から「新ＰＴＭ」と称される学校改革の国家政策となり、バクザン省を中心とする7省で積極的に推進されている。時宜を得た訪問であった。

ハノイ教育大学で開催された国際シンポジウム「学びの改革―学校と社会」では、基調講演を行った。個人的に言えば、ベトナムへの訪問は、高校時代にべ平連（ベトナムに平和を！市民文化団体連合）に参加して以来の宿願だった。大学生のときには、無謀にも単身、横須賀の路上に座り込んで米軍戦車の移送を阻止したこともある。その思い出が蘇り、不覚にも最初の言葉で涙ぐんでしまった。その涙を抑えるため、フラッシュバックして「自由ベトナム行進曲」を歌い、会場の合唱と喝采を浴びた。

私の講演に続いて、ハノイ教育大学のヴ・ソン教授、バクザン省教育局のファン・シさん、グェン・コイさん、津久井さんと村瀬公胤さん（麻布教育研究所）、岸本琴恵さん（名護市教育委員会）、村上呂理さん（琉球大学）、それに佐藤雅彰さんと齊藤さんが講演を行い、ベトナムと日本の学びの共同体の研究交流が行われた。このシンポにおいて、村上さんは、植民地化の歴史を共有するベトナムと沖縄の歴史の共通性に言及して、アジア諸国の学びの共同体の改革の歴史的意義を開示し、国境を超えた改革の赤い糸を浮き上がらせた。

翌日訪問したバクザン省のビクソン小学校は、ベトナムにおける改革の希望を照らし出すものとなった。校長をはじめすべての教師が女性の学校だったが、どの教室も聴き合う関わりと真摯な学び合いが実現していて、驚嘆の連続であった。何よりも、子どもたちの学び合う歓びの表情が印象的であり、教師たちの思慮と配慮に満ちた柔らかな関わりが素晴らしい。

すべての教室を参観した後、5年生の「デング熱の予防」の公開授業を参観し、授業協議会に参加した。「デング熱の原因はバクテリアかウィルスか」の問いからスタートし、デング熱を媒介する蚊の種類、その生態についてスライド資料を活用して学んだ後、共有の課題として「デング熱かどうかをどう判断するか」をグループ学習、次にジャンプの課題として「デング熱から身を守るためには何をすべきか」をグループ学習で探究し、学びの交流が行われた。子どもも教師も、学びの共同体のスタイルを身体化しており、自然な展開の中で質の高い学びが実現していた。これだけの学校を2年間で築いた校長の手腕は見事である。

ベトナム・ビクソン小学校の授業風景。

なぜ、これほどまでに学びの共同体の改革は、ビクソン小学校の子どもたちと校長と教師たちを動かしているのだろうか。ビクソン小学校は、ハノイから車で2時間、ベトナムの典型的な農村地帯にある。ごくごく普通の小学校である。この学校の改革の成功の最も大きな要因は女性校長の卓越したリーダーシップにある。彼女は一日をすべて教室で過ごしている。教室で一人ひとりの子どもの学びを見守り、教師一人ひとりを支え、励まし、彼女らの成長を支援している。もの静かな校長だが、学びと授業を見る目は卓越しており、どこで学んだのかと思うほど、学びの共同体のヴィジョンと哲学に精通している。この校長をすべての子どもたちが信頼し、教師たちが信頼し、親たちが信頼している。齊藤さんと津久井さんは「この2年間で、ビクソン小学校は劇的に変化した」と語るが、その秘密を垣間見た思いがする。やはり校長は校長室ではなく教室を仕事場として、子どもの学びと教師の仕事から学び続けることが重要なのである。

バクザン省教育局では、今後10年を見通した改革のヴィジョンを提案し、その具体化を検討した。ビクソン小学校のような卓越した成功を達成している学校はいまだ少数であり、現在教育局が建設している学びの共同体のパイロット・スクール60校の実践の質を向上させる方策が議論された。（彼らの対応は迅速であり、3月には教育大臣招待の私の講演が準備されている。）

改革の進展と深まり

10月18日から20日、北京師範大学において国家プロジェクト「グローバル教師教育サミット」が7か国の教育学者を招待して開催され、学びの共同体における教師の学びを主題とする基調講演を行った。この国際会議で印象深かったのは、中国の若い教育学者たちの学問水準の高まりである。彼らは、世界の教育学の最高水準に学ぶことに積極的であり、10年前とは比較にならないほど、研究水準が向上している。もちろん、学びの共同体への関心も高い。政府の国家政策である教師の専門的能力の向上を背景として、授業研究の普及も著しい。教師教育改革では、アジアにおいて後れをとっていた中国だが、昨年度採用された教師71万人のうち修士号取得者は25万人に達している。中国の授業改革と教師教育改革も、「量」から「質」の段階へと移行していることを実感した。

３週後の11月７日から９日、学習院大学において、第２回学びの共同体国際会議を開催した。第１回が１８０名参加する比較的大きな会議であったのに対して、第２回は授業の事例研究を中心とする少数参加の集約的会議として開催した。参加した国は、中国、韓国、台湾、インドネシア、ベトナム、シンガポール、日本の７か国である。それぞれ学びの共同体の授業実践をＤＶＤで持参し、それぞれの事例について濃密な授業協議会を３日間連続して行った。検討された授業事例は10事例である。予想していたことだが、具体的な授業の実例にもとづく研究で学ぶ内容の濃密さは圧倒的である。７か国の授業実践と教育研究の歴史、社会、文化の多様性が、いっそう学びの内容の深まりと広がりを生み出した。どの参加者も、「これまで参加したどの国際学会よりも水準が高く学ぶ内容が多かった」と語ったほどである。この成功の要因の一つは、学びの共同体の授業改革と学校改革という「共通の言語」を共有していたこと、および、各国の困難な事情と格闘し豊富な経験を共有していたことにあった。参加者一同、このような集約的な授業の事例研究の国際会議を隔年で開催することを確約した（再来年の授業の事例研究国際会議の開催地は北京師範大学を予定、来年度は第１回同様の比較的大きな国際会議を日本で予定）。

国際的ネットワークの展開

11月24日から28日、インドネシアのバンドゥンで開催された世界授業研究学会の大会（参加国29か国、８７４名が参加）に参加した。オープニングの基調講演において、私は授業研究が教師の反省的実践（reflective practice）を促し、専門家としての教師の学びを実現して専門家共同体（professional learning community）の建設を推進する理論的枠組みとケースメソッドの実践事例を提示した。

これまでも世界授業研究学会では何度か基調講演を行ってきたが、今回の講演の反響は以前にも増して大きかった。この大会ではヨーロッパ諸国からの参加が拡大し、アフリカ諸国からの参加も著しかった。その地域的広がりとアジア諸国の実践的進化が喜ばしい。

大会後の学校訪問としてバンドゥン市の郊外にあるレンバン中学校を訪問し、「比重」を主題とする授業を参観して授業協議会に参加した。インドネシアの学校における科学教育の授業と授業研究は、10年近くＪＩＣＡの研修プログラムにおいて協力し参観してきたが、今回参観した授業と授業研究は圧巻だった。素晴らしい進歩である。

大会中、タイのチュランコラン大学の教授から招聘の誘いを受けた。前年、インドネシアのスメダン地域の学校の「学びの共同体」の改革がタイのテレビで特集され、それに啓発されたバンコクの学校数十校と同大学の教授チームが改革に着手して「奇跡的」な成功を達成しているという。おりしも、来年度の世界授業研究学会はタイのコンケン大学で開催される。その直後にチュランコラン大学とバンコクの学校の共同体の学校の訪問を確約した。

アジア諸国をわたり歩く半年間であった。この原稿を執筆した数日後（12月19日から28日）も韓国と台湾を訪問する。今、アジア諸国は学びの質を高める授業改革を劇的に推進している。その息吹と経験から学ぶことは、日本の教育の発展にとっての必須の要件である。この気運を背景として、２０１５年も「学びの共同体」の国際ネットワークはさらに翼を広げることになるだろう。愉しみである。

補章　質の高い学びの創造
―学びの共同体の挑戦―

はじめに

学校の学びが問われている。新しい時代の学校は、どのような学びを提供すべきなのか。この問いの根底には、グローバリゼーションによって社会や経済や政治や文化が激変し、新しい時代に対応した新しい学びのあり方に対する問いが横たわっている。新しい革袋には新しい酒が準備されなければならない。

新しい時代を生きる子どもたちに、どのような教育が提供されなければならないのか。

この問いは「21世紀型の学校教育」として、30余年にわたって議論されてきた。その回答はすでに準備されていると言ってよい。ＯＥＣＤ加盟国のナショナル・カリキュラムを調べると、先進諸国に共通する課題が盛り込まれている。先進諸国に共通する課題は、①知識基盤社会への対応（ポスト産業主義社会への対応）、②多文化共生社会への対応、③格差リスク社会への対応、④成熟する市民社会への対応（市民性の教育）の4課題である。このことについては、すでに教育学者、教師、教育行政関係者には常識として共有されている。

「21世紀型の学校教育」のあり方も概ね合意を形成していると言ってよい。「21世紀型の学校教育」は、ＰＩＳＡ調査が明らかにしてきたように「質（quality）と平等（equality）の同時追求」を基本とする教育であり、カリキュラムにおいては「プログラム型」（知識の伝達と習得を中心とするカリキュラム＝「階段型」と私は呼んできた）から「プロジェクト型」（知識の活用による思考と探究を中心とするカリキュラム＝「登山型」と私は呼んできた）への移行、授業と学びにおいては、一斉授業の様式から協同的学びへの移行、授業研究においては、授業計画と授業技術の仮説検証による「効果的授業（effective teaching）」の追求から学びのデザインとリフレクションの研究への移行、教師像としては授業技術において有能な教師（technical expert, effective teacher）から思慮深い反省的実践家としての教師（reflective practitioner, thoughtful teacher）への移行が進行している。これら「21世紀型の学校」像と「21世紀型の授業と学びの様式」と「21世紀型の教師像」については、これまで多くの論文や著書で言及してきたので、詳細に論じる必要はないだろう。ここでは「質の高い学び」をどう追求するかについて、学びの共同体の学校改革と授業改革の研究と実践に即して議論することとしたい。

新自由主義による対立構造

今日、教育の「質」と「平等」の関係は、新自由主義の政策とイデオロギーによって複雑な様相を呈している。新自由主義の特徴は、「選択の自由」と「自己決定・自己責任」の論理によって教育と学びの統制を市場競争の原理にゆだねている点にある。学校教育は「サービス」とみなされ、教育委員会と校長や教師は納税者である親や市民に対して「アカウンタビリティ」をはたすことが求められている。このシステムのもとでは、教育は納税者の意向（実際には選挙で選出された政治家）に従属し、社会や組織の責任は極小化され、子どもの自己責任は極大化する。

さらに新自由主義のイデオロギーは、教育の「質」を決定づける以下の三つの対立図式を生み出している。その一つは「説明責任（accountability）」対「応答責任（responsibility）」の対立であり、二つ目は「効率性（efficiency）」対「真正性（authenticity）」の対立であり、三つ目は「所有権（ownership）」対「著者性（authorship）」の対立である。以下、検討しよう。

第一の「説明責任」対「応答責任」の対立構図は教育において決定的である。この根底には、教育を行政の市民に対する「サービス」として認識するか、あるいは市民の人権（学ぶ権利）に対する社会や行政の「責任」として認識するかという原理的な差異が潜んでいる。

改めて言うまでもなく、教育は「サービス」ではなく、次世代に対する大人世代の「責任」であり、社会と行政の「責任」であり、教師と親の「責任」である。教師と親、そして社会と行政がこの「責任」を共有し連帯しない限り、公教育は成立しないし、教育の「質」も保障することはできない。しかし、その基盤自体が、今日、危機にさらされている。

Accountability という用語は「説明責任」と翻訳されているが、この翻訳自体が事柄をあいまいにしている。Accountability は文字通り「勘定に合う」という意味であり、もともと教育税が独立して徴収されるアメリカにおいて、支払った教育税に見合った教育がサービスとして提供されているかどうかをチェックすることを意味していた。つまり「勘定に合った」教育を求めるのが「説明責任」の元来の意味である。「説明責任」の「責任」とは納税者に対する責任であって、子どもの学ぶ権利に対する責任でもなければ、社会の必要性に対する責任でもない。

それに対して「応答責任（responsibility）」は、文字通り「応答する能力がある（responsible）」ことを意味する概念であり、教育においては第一義的に子どもの学ぶ権利に応えることを意味している。

教師にとって、教育は「説明責任」というよりも「応答責任」という方が実感に近い。教育は「引き受けること」から出発する。子どもの現実を引き受け、教室の現実を引き受け、学校の現実を引き受け、地域社会の現実を引き受けるところから、教育実践はスタートする。この教師の実感における「応答責任」と、今日の教育を政治的に支配している「説明責任」とは、感覚的にも実体としても齟齬をきたしている。

アカウンタビリティの代表的施策が「数値目標」による学校経営だろう。この20年間、どの学校も「数値目標」による官僚的統制のもとにおかれてきた。その代表格が全国学力テストである。学力テストは、もっとも端的にアカウンタビリティを評定する手段となる。しかし、学力テストによるアカウンタビリティは虚構でしかない。

学力テストによるアカウンタビリティの追求が虚構であることは事実が証明している。

「数値目標」を掲げて学力向上を追求している実験学校、研究校は多数存在するが、それらの学校で「学力向上」を達成した学校がどれほど存在するだろうか。このカラクリを見破らない限り、「学力向上」の実現は難しい。

　私が推進してきた学びの共同体の学校改革は、どの学校も「学力向上」を目標として掲げてはいない。「学力向上」は「結果」であって「目的」にしてはならないからである。学びの共同体の改革の「目的」は、一人残らず子どもの学ぶ権利を実現することにあり、学びの「質」を高めることにある。その結果、学びの共同体の改革を遂行している学校においては、「奇跡的」とも呼べる学力の向上を達成している。通常、「学力向上」を達成したと言われる学校は校内の平均点を数点（高くても5点程度）あげた段階にとどまるが、学びの共同体の改革を遂行している学校は、学びにおける「質と平等の同時追求」を行い、平均点を10点程度も引き上げている。校内の平均点を20点以上も引き上げる「奇跡的」な成功を達成している学校も少なくない。

　ここにも「量」と「質」の興味深い関係が隠されている。「量」における向上を追求しても「質」の向上にはいたらないし、「量」の向上自体の達成もはかれない。しかし、「質」の追求を行った改革においては、その「質」の向上に比例して「量」の達成も実現しうるのである。

学びの真正性について

「効率性」対「真正性」の対立構造は、日々の授業と学びに表現されている。どのように成果を上げるかについて、教師はこの二つの対立のはざまに立たされる。子どもも同様である。「効率的な授業を選択するか、あるいは真正の授業を成立させるか」「効率的な学びを選択するか、あるいは真正の学びを成立させるか」のジレンマである。

このジレンマの解決において困難なのは、「効率的な授業（学び）」のイメージは誰もが共有しているのに対して、「真正な授業（学び）」のイメージをほとんどの教師と子どもが共有していないことにある。教師も子どもも「真正性」がどのようにして実現するのかについて明確なヴィジョンと方法を認識していない。

「真正性（authenticity）」は、「誠実さ（sincerity）」とともに、近代の芸術と文化と学問が樹立した原理の一つである。その意味は「これぞ、ホンモノ」という真実性にある。その意味は重層的である。「真正性」は、一方で「ニセモノ」と「ホンモノ」を峻別する原理を意味するが、もう一方では、ルソーが「真正性」の創始者といわれるように、「内的真実」つまり「内なる声の真実性」を意味している。この言葉が「著者性（authorship）」

から派生したことは、この概念が「内なる声」から生じたことを含意している。

教育学研究において「真正性」の議論は決して新しい事柄ではない。その複雑な歴史について詳述することはできないが、要約すると「学びにおける対象性の恢復」として議論されてきた。「対象的実践」として学びの活動を再解釈する努力において「真正性」が問われてきた。(この議論が複雑なのは「対象化」という哲学的概念が複雑であることにある。)

事実、教育学研究において「真正の学び」は、学びにおける虚構性を克服する学び、学びの真実性を「対象性の恢復」によって実現する学びとして追求されてきた。「真正の学び」は教科の本質に即した学びとして認識されるが、教科の本質に即した対象化によって「対象性を恢復した学び」を示している。学びにおいてテクスト(資料、事実、現象)との対話を重視すること、それらに媒介された活動(mediated activity)として学びを遂行すること、および、その学びが活動主体の内面において真実性を獲得する学びであることを「真正の学び」は意味している。

「真正の学び」が、生産性と能率を追求する「効率性」の原理と対立し齟齬することは明瞭だろう。しかも「真正の学び」は、洗練され熟考されたテストでなければ、その達成を数値化することは不可能である。ともあれ、学びの「質」において「真正性」は、今日、もっとも尊重されている原理である。

学びの著者性について

「所有権（ownership）」と「著者性（authorship）」も、教育の「質」を規定している対立の一つである。かつてパウロ・フレイレは「被抑圧者の教育学」において抑圧された人々を支配している教育概念を「預金概念（banking concept）」と表現し、この「預金概念」として表現される伝達中心の教育を「対話」による「意識化」の教育へと転換する必要を提起していた。ここで対立させられているのも「所有権」と「著者性」の対立構図である。私たちは知識や権力を所有するために学んでいるのか、それとも人生の主人公として物語を著すために学んでいるのか。その対立といってよい。

この対立は、現代社会において深刻さを増している。その背景には知識の商品化という大規模な現象がある。たとえば、この30年間にアメリカのトップ大学であるハーバード大学、スタンフォード大学、イェール大学などは資金を30倍以上も増やし、トップ5の大学の資産は小国の国家予算に匹敵する何十兆円というレベルに達している。大学が資産運用を行ったためではない。あらゆる知識が知的財産権を有し、その知財や特許によって莫大な富を生み出しているからである。かつてアインシュタインは相対性原理の発見によって一銭も資産を生み出さず、その知識は公共的知識として人類全体のものとなった。しかし、今日、大学が生産する知識はすべて「値段」がつけられて商品化しており、知的所有権と知的財産権によって「取引」されている。人文社会科学の知識も例外ではない。すべての知識は商品化され「値段」をつけられて売買されている。すでに「公共的知識」の概念は死滅の危機にさらされ、「著者性（authorship）」は「所有権（ownership）」に置き換えられている。

知識の商品化による「著者性」の衰退と「所有権」の膨張は、学びの「質」に決定的な影響を及ぼしている。もともと学校教育において知識は制度化されて匿名性を帯びており、「著者性」の余地は少なかった。そもそも学校的知識を代表する教科書は「著者性」を剥奪されて知識は無名化しており、それを学ぶ者の「著者性」も剥奪されていた。教科書の知識は、したがって、プラトンの洞窟の神話に譬えられてきたし、私自身も「カップヌードル知識」と揶揄したこともあった。（カップヌードル知識は渇望を充足したとしても、栄養がないため、食べ過ぎると満腹状態で餓死することになる。）歴史的に見ても、学校教育において「著者性」を恢復する実践は、生活綴方の教育をはじめ、フレネ教育、あるいは日本の教師たちの教育実践記録など、さまざまなかたちで探究されてきた。その「著者性」が危機に瀕している。

以上、教育の「質」の危機を生み出す背景として三つの対立構造を示した。教育の「質」を問うとすれば、「説明責任」のレトリック、「効率性」のレトリックに対して「応答責任」のレトリックに対して「著者性」のレトリックに対して「真正性」のレトリック、「所有権」のレトリックを対峙して、対抗的実践を推進することが求められる。

質の高い学びとはどういう学びか

「学び」を定義することは「教育」を定義する以上に困難である。教育の歴史は、せいぜい古代ギリシャを起点としてさかのぼれば事足りるし、現在の「教育」の概念は近代以降の産物である。しかし、学びの定義は哲学それ自体といってよいほど、高遠な歴史を有し広範な意味空間を想定しなければならない。

とはいえ、学習者を主権者とする教育を構想し実践するためには、「学び」に最小限の定義を与える必要がある。私がこの定義づくりに参照したのが二つの論文、カントの「啓蒙とは何か」とフーコーの晩年の論文「啓蒙とは何か」であった。私の学びの定義である「三つの対話的実践としての学び」（学びの三位一体論）は、この二つの論文を参照することによって生まれた。

学びは、東西を問わず、二つの伝統を有している。一つは「修養」の伝統であり、もう一つは「対話」の伝統である。修養の伝統は、自己の内面を豊かにし完成させるという学びの伝統であり、西洋においてはキリスト教、特にカソリックにおける「完成主義(perfectionism)」の伝統として議論されてきた。神に近づくというのがカソリックの「修養」の伝統の基盤にあり、教育基本法の「人格の完成」もこの伝統の延長線上に位置づいている。もう一つの伝統は「対話」の伝統であり、古くはソクラテスの問答法が知られているし、孔子の『論語』も弟子との対話で記述されている。

学びはこの二つの伝統を有しているが、その目的は近代以前と近代以降では異なっている。近代以前の学びの目的は「悟り」と「救済」であり、近代以降の学びの目的は「進歩」と「発達」である。その違いはあるにせよ、「修養」と「対話」の二つの伝統は、今日まで引き継がれている。

学校における学びは、この二つの伝統のうち、「対話」の伝統によって継承されるべきだろう。学校における学びは、教師の指導と援助のもとで仲間と共に遂行される学びであり、意識的かつ計画的な営みである。

学びは、もう一方で「旅(journey)」に譬えられてきた。学びは「既知の世界(known world)から未知の世界(unknown world)への旅」である。この「旅」において、私たちは新しい人や事象や出来事と出会い、それらと対話し、その対話をとおして私たち自身の世界との関わりを再構成し、私たち自身の内側を豊かにして、新しい人生を開始する。このような「旅」は、まさに学びそのものと言ってよい。

これらの思索をとおして、私は、学びを対象世界との出会いと対話、他者との出会いと対話、自己との出会いと対話の三つの対話的実践として再定義した。対象世界との出会いと対話は認知的文化的な対話的実践であり、他者との出会いと対話は社会的政治的な対話的実践であり、自己との出会いと対話は実存的倫理的な対話的実践である。すなわち学びは「世界づくり」と「仲間づくり」と「自分づくり」の三つの対話的実践の統合である。これを「学びの対話的実践の三位一体論」と名付けている。

学びの対話的実践の三位一体論は、学びからの疎外を克服する理論でもある。学びの実践は、学びからの疎外を克服する実践である。(マルクスとデューイが卓見したように、あらゆる疎外の克服は共同体の復権を要請している。学びの疎外からの克服も共同体の復権を必要としている。学びの共同体はこのことに基礎をおいている。)

学びの疎外は、三つの側面において生じている。一つは「対象の喪失」であり、二つめは「他者の喪失」であり、三つめは「意味の喪失=自己の喪失」である。学びから逃走している子ども、低学力の子ども、学びに希望を失っている子どもは、いずれもこの三つの疎外を経験している子どもたちである。学ぶ権利を実現する実践は、この三つの疎外を克服する実践であり、教室における学びもこの三つの疎外の克服を中心に遂行されるべきである。

したがって、学びの「質」を問う場合も、私は、この三つの疎外を克服する実践、すなわち学びを構成する三つの対話的実践に即して、その「質」を吟味している。その学びは「対象性」を獲得している学びかどうか、すなわち「真正の学び」であるかどうか。その学びは「対象性」によって新しい現実の世界を開示しているかどうか。その学んだ知識は、ほかの知識と有意味な関係を生み出しているかどうか。その学びは教室の仲間や教師との新たな関係を構成しているかどうか。その関わりが新しい学びの可能性を開いているかどうか。そして、その学びが学習者一人ひとりの反省的思考を促進し、自己との対話をとおして探究的な学びとして結実しているかどうか。その学びが学習者の新しい人生の物語を準備しているかどうか、などである。「質の高い学び」とは、これらすべての充足度が高い学びであると言えよう。

「質の高い学び」を実現するための要件を明示することも重要である。私は、学びの成立要件を「真正の学び」「聴き合う関係」「ジャンプのある学び」の三つに求めてきた。このいずれか一つの要件が欠落しても学びが成立したとは言えない。この三つの要件のうち「真正の学び」についてはすでに言及したので、「聴き合う関係」と「ジャンプのある学び」について記しておこう。

聴き合う関係とジャンプとしての学び

学びは「他者の声を聴く」ことを出発点としている。その意味で、学びは「受動的能動」の行為である。古代ギリシャ語においては能動態と受動態を同時に表わす「中動相」という動詞の態が存在したが、学びはこの「中動相」としての行為である。古来、学びにおいて最も重要な態度は「慎み深さ（modesty）」に求められてきたが、その作法は「聴き合う関係」において最もよく機能する。学びが対話的コミュニケーションを基礎としていることは先に示したが、対話的コミュニケーションを成立させるのも「聴き合う関係」である。

しかし、学校ほど対話の重要性が叫ばれている場所はないが、学校ほどモノローグが支配している場所もない。校長の言葉、教師の言葉、教室の子どもの言葉、そのほとんどがモノローグである。このモノローグの言葉をダイアローグの言葉に転換する基礎となるのが「聴き合う関係」である。いくら協同学習を導入したとしても、そのコミュニケーションが「話し合う関係」に終始しているならば、そこに学びは成立してはいない。学び合う関係は、「活発な話し合い」ではなく、ぼそぼそとつぶやきが交錯する「聴き合う関係」を基礎としている。話し合いが活発になるのは既知の事柄を発表しているからであって、未知の事柄を探究しているからではない。未知の事柄の探究は、ぼそぼそとつぶやきにおいて最もよく表現されている。学びにおいて「聴き合う関係」は「訊き合う関係」でもある。

「ジャンプのある学び」も、学びを成立させる基礎要件である。一般の教室の授業においては、学びの課題のレベルが低すぎる。学びの課題が高すぎて失敗した授業に遭遇するのは稀である。ほとんどの授業の場合、学びの課題のレベルが低すぎるために失敗している。一般には子ども一人ひとりの能力の発達段階に応じた授業がベストと信じられているが、その考え方によると学びの可能性は最小限にせばめられ、学びの課題のレベルは低く設定されてしまう。学びは一人では達成できないいとなみである。ヴィゴツキーの「発達の最近接領域」の理論は、この問題を解決してくれる最も有力な学習科学の理論であろう。学びの課題のレベルは、学習者が一人で達成できるレベルではなく、その学習者が仲間との協同や教師の援助のもとで達成できるレベルに設定されなければならない。

学びの共同体の実践においては「ジャンプのある学び」を重視してきた。一つの授業において教科書レベルの「共有の学び」と教科書レベル以上の「ジャンプの学び」の二つを協同学習として組織するのである。その成果は実証済みで、この学びのデザインにいる授業においては、どの子どもも最初から最後まで夢中になって学びに専心し、しかも奇跡的と思われる学力の向上を達成してきた。学びの共同体の実践においては、「ジャンプの学び」において、もっとも「質の高い学び」を創造してきたのである。

第1部・第2部・第3部
〈初出〉『総合教育技術』（小学館）2012年4月号～2015年3月号

補章
〈初出〉『信濃教育』（1534号　2014年9月号）

あとがき

35年前に大学に職をえて以来、毎週2校から3校、各地の小学校、中学校、高校を訪問して子どもの学びと教師の実践から学び続けてきた。訪問した学校は国内3000校以上、海外31か国500校ほどである。今なおどの学校と教室を訪れても、いつも新たな発見と新たな学びがある。そして教師たちが直面している困難の奥深さに気づかされ、自分の非力と向き合い、子どもの学びの姿と教師の実践の創造性に希望をつないでいる。

この3年間を振り返ると、年々深刻化する子どもの貧困と教職の尊厳の危機に心痛めることが多かった。「もの言わぬ子どもたち」と「もの言えぬ教師たち」の内なる声は、学校の外に届いているだろうか。矢継ぎ早に進行する教育改革は、子どもの可能性への信頼と教師の創造性に対する信頼を根底に据えているだろうか。

この3年間のもう一つの印象的な出来事は、アジア地域における学びの共同体の爆発的普及である。なぜ、学びの共同体は、アジア諸国においてこれほど力を発揮しているのだろうか。学校改革の国際的連帯によって学ぶことは多かった。

それにしても学校と授業の改革は至難の事業である。35年間のつたない経験から学んだことは、学校と授業の改革は、それが可能だと思っている人は達成することはできず、不可能であることを認識しつくした人だけが達成できるという逆説的とも言える真理である。その逆説的真理の一端を本書の叙述から読み取っていただければ幸いである。

本書は『総合教育技術』の2012年4月号から2015年3月号まで計36回連載した「学び合う教室・育ち合う学校」を収めている。一冊にまとめるにあたって、授業の改革を主題とする「学び合う教室」(第1部)、学校の改革を中心的に叙述した「育ち合う学校」(第2部)、アジア地域の学びの共同体の改革を報告した「アジアに広がる学びの共同体」(第3部)に分けて編集し、併せて「補章」として『信濃教育』(1534号)に掲載した論文一篇を加えた。

本書に紹介した学校改革と授業改革の事例は、そのほとんどが多くの困難を抱える子どもたちが学び生活している学校と教室の事例であり、いずれも小さな挑戦によって生まれた小さな実践の報告である。教育改革は一般に大きな変化として議論されがちであるが、授業の改革も学校の改革も教室の小さな事実に対する繊細な感受性を豊かにすることから出発すべきだろう。本書がその手がかりを提供するものになれば幸いである。

最後に、3年間にわたる連載の援助と本書の編集の労をとっていただいた小学館総合教育技術編集部の小笠原喜一さんに謝意を表明したい。小笠原さん、ありがとう。

2015年6月10日

著者紹介
佐藤 学
1951年広島県生まれ。教育学博士、学習院大学教授、東京大学名誉教授。三重大学教育学部助教授、東京大学教育学部助教授、東京大学大学院教育学研究科教授を経て現職。アメリカ教育学会名誉会員、全米教育アカデミー会員。日本教育学会前会長、日本学術会議第一部前部長。

〈主な著書〉
『教師たちの挑戦―授業を創る 学びが変わる』『学校の挑戦―学びの共同体を創る』『教師花伝書―専門家として成長するために』『学校見聞録―学びの共同体の実践』（以上 小学館）『カリキュラムの批評―公共性の再構築へ』『教師というアポリア―反省的実践へ』『学びの快楽―ダイアローグへ』（以上 世織書房）『教育方法学』『授業研究入門』（稲垣忠彦との共著）『専門家として教師を育てる』（以上 岩波書店）『学校改革の哲学』（東京大学出版会）ほか、多数。

学び合う教室・育ち合う学校
～学びの共同体の改革～

2015年7月18日 初版第1刷発行

著者 佐藤 学

発行人 伊藤 護
発行所 株式会社 小学館
〒101-8001 東京都千代田区一ツ橋2-3-1
電話 編集 03-3230-5548
販売 03-5281-3555
印刷所 三晃印刷株式会社
製本所 株式会社若林製本工場

Printed in Japan ISBN978-4-09-840161-1